玩转小红书

景汐 编著

北京时代华文书局

图书在版编目（CIP）数据

玩转小红书 / 景汐编著. -- 北京 :北京时代华文书局, 2025.5. -- ISBN 978-7-5699-6037-2

Ⅰ. F713.365.2

中国国家版本馆 CIP 数据核字第 2025P1S303 号

Wanzhuan Xiaohongshu

出 版 人：陈　涛
选题策划：王　生
责任编辑：邢秋玥
装帧设计：乔景香
责任印制：刘　银

出版发行：北京时代华文书局 http://www.bjsdsj.com.cn
北京市东城区安定门外大街 138 号皇城国际大厦 A 座 8 层
邮编：100011　电话：010-64263661　64261528
印　　刷：三河市京兰印务有限公司　电话：0316-3656589
开　　本：710 mm×1000 mm　1/16　成品尺寸：165 mm×235 mm
印　　张：12　字　　数：157千字
版　　次：2025 年 5 月第 1 版　印　　次：2025 年 5 月第 1 次印刷
定　　价：59.80 元

目录

CONTENTS

第三章 制作爆款内容，“套路”很重要

第四章 流量密码，不只是“玄学”

第五章 小红书的社群运营及用户互动技巧

第一章

仅需 30 分钟，带你重新认识小红书

第一节

其实没你想得那么高大上，人人都可以做小红书

多年以前，在那个还是以线下实体业务为主的年代，“网红”曾一度是个贬义词。网红，即“网络红人”的简称，在当时很多人的心里，这个称呼主要是指那些现实生活中不学无术，每天在网上靠颜值吸睛、乱蹭热度，来掀起舆论风波并从中获利的人。一些网民所熟知的早期网红，基本都是在一片骂声中被人们知晓的。

随着网络相关技术的不断发展，从需要一台电脑到只要一部手机，人们上网的门槛越来越低。而随着手机的相关功能不断升级迭代，成为网红的门槛也随之降低。与此同时，一大批互联网公司的成立和壮大，也带动了相关产业链的蓬勃发展。网上交流平台从早期的天涯、虎扑这类文字论坛，发展到如今交互更为直接的抖音、快手等视频直播类软件。

网络上的内容日益丰富起来，人们的口味也变得更加挑剔，审美意识也随之普遍升高。那些专注于做好内容的网红也如雨后春笋般不断涌现，再加上网络给他们带来了丰厚的回报，现如今在大众眼中，网红已不再是一个贬义词了。

公开数据显示，2022 年中国网红经济市场规模达到 1.3 万亿元，而其

中的佼佼者，比如那位“集美貌与才华于一身的女子”，早在2016年就凭借其出色的原创短视频内容融资1200万元，公司估值或达到3亿元人民币。近几年，我们熟悉的许多网红频繁出现在各类电影、电视节目中，网红和明星之间的“壁”似乎也在不断被打薄。

如今的网红经济俨然已经成为一个独立的产业，并且在许多领域都能持续产生影响。需要注意的是，这不仅仅对那些头部网红生效，网红经济也给我们普通人带来了一些额外的赚钱机会。正如一位MCN（Multi-Channel Network，多频道网络）机构的创始人所说：“从理论上来讲，每个人都可以成为博主。”这个行业发展到现在，其最终门槛已经不仅仅是颜值、天赋、资本等，起决定性作用的反而是听起来最简单的两个字——勤奋。只要用心经营，副业收入甚至很有可能会超过主业，助力我们实现财富自由。

对于我们这些普通人来讲，市面上的平台这么多，哪一个更容易入门呢？我的答案是小红书。不同于抖音、快手这类以视频为主的平台，小红书多以图文分享为主，对于小白来讲更容易入门；同时，得益于其“种草社交平台”的属性，小型的KOC（Key Opinion Consumer，关键意见消费者）在这里可能更容易获得一些商业变现的机会。

可能有朋友只听说过KOL（Key Opinion Leader，关键意见领袖），通俗来讲，这就是指那些广为人知的大网红，他们具有较大的粉丝基础，拥有更广阔的传播范围，在对应的领域可能也更加专业。KOC则不同，它的意思是关键意见消费者，是指在社交媒体平台上拥有一定数量的粉丝和影响力的普通用户。不同于传统的KOL，KOC更像是身边的朋友或同行，他们的内容更真实、更接地气、更能引起用户的共鸣和信任。

在小红书这样的社交平台上，KOC扮演着非常重要的角色，他们不仅是内容创作的主力军，更是品牌推广和营销的重要抓手。

为什么这么说呢？

首先，KOC 在小红书平台上具有很强的信任度和影响力。与传统的广告宣传相比，用户更愿意相信身边朋友或同行的推荐和建议。因此，当 KOC 推荐一款产品或分享一篇使用经验时，往往能够引起更多用户的关注和共鸣，从而促使他们做出购买决策。这种口碑传播的效果往往比品牌官方的广告宣传更为直接和有效。

其次，KOC 的内容更具有真实性和可信度。与一些商业化程度较高的 KOL 不同，KOC 更多地以自己的真实感受和体验为主要话题，他们的内容更贴近生活，更能够触及用户的内心。这种真实性和可信度是吸引用户的重要因素，也是 KOC 在平台上获得关注和认可的关键。

最后，KOC 在小红书平台上的影响力往往远超出他们的粉丝数量。他们虽然可能没有大 V 那么庞大的粉丝基础，但他们的粉丝往往更为活跃、传播效果更好。当 KOC 发布一篇笔记或分享一项体验时，他们的粉丝往往会通过点赞、评论、转发等方式积极参与，并将其传播给更多的人，从而扩大影响范围。

总的来说，KOC 在小红书上扮演着非常重要的角色。对于普通人而言，成为一名 KOC 的成本也远比做 KOL 低得多。相较于其他平台，小红书并不过分注重用户的外表和形象，而是更多地关注内容本身的质量和价值。这意味着，即使你没有特别出众的颜值或高超的摄影技巧，也有机会在小红书上获得关注和认可。最重要的是，你需要有独特的见解和观点，并能够将其通过有吸引力的文字和图片呈现出来。

许多新手刚开始会觉得不知道从何入手创作受欢迎的内容。其实在小红书上，成功的案例并不少见，这些案例为新手提供了很好的参考和借鉴依据。通过观察和分析成功案例，新手可以学习到许多有用的编辑技巧和内容策略，从而让自己的创作更得心应手。并且，小红书还提供了丰富多样的编辑工具和功能，可以帮助用户轻松地创作出优质内容。无论是丰富多彩的滤镜和贴纸，还是便捷实用的排版和剪辑功能，都能够使用户在不具备专业技能的情况下，制作出富有创意和高品质的作品。

小红书为 KOC 们提供了一个展示自我、表达观点的舞台，让大家不再受限于技术能力，而是专注于内容本身。

小红书还是一个充满活力和多样性的社区，在这里，任何人都可以自由地分享自己的生活经历、美妆心得、购物体验等，与他人交流互动。因此，平台上涌现出了许多有趣、有价值的内容，吸引了大量用户的关注和参与。对于 KOC 们来说，这意味着有更多机会能被发现和推荐，从而扩大影响力和培养粉丝基础。

另外，小红书对新人非常友好，为新人提供了丰富的流量扶持和推荐机会。新人可以通过热门话题、精选内容和推荐位展示，增加自己的曝光机会，使其能够吸引更多的关注和粉丝。这种友好的环境和政策，为 KOC 们提供了一个快速成长的平台，使其更容易实现自己的梦想和目标。

第二节

小红书的用户特点及平台发展趋势大揭秘

上一节主要讲述了每一个普通人都可以在小红书上做博主，相信你已经有了一定的信心，开始准备注册账号了。先别急，正如《孙子兵法》里说的那样：知己知彼，百战不殆。既然决定了要在小红书这个平台发展，那么一定要先了解这个平台，不打无准备的仗。

小红书于2013年在上海创立，起初它只是作为一个海外购物分享社区而被大家知晓。当时的小红书主要为大家展现全球的购物趋势，分析当前最受欢迎的海外商品有哪些，帮助用户进行“种草”和“拔草”，并且解决了海外商品网购难的问题，让商品可以用最短的时间到达用户手中。

和其他电商平台不同的是，小红书是从社区起家的。因此用户的分享会显得更加真实，用户之间的信任度也远远超过其他平台。截至2017年5月，小红书的营收就已经接近100亿元了。

随着整个社区的发展，其平台上分享的内容也在不断增加，话题逐渐从美妆、个护扩充到运动、旅行、餐饮等生活的方方面面。甚至有网友戏称：“现在我已经把小红书当搜索引擎用了！你在其他平台上找不到的信息教程，都能在小红书上搜索到。”

2024年，小红书拥有3.39亿月活用户，社区分享者超8000万。艾媒咨询发布的《2023中国小红书用户触媒习惯及消费意愿调查》显示：小红书的用户群体中，超过80%的人每天都会使用小红书。由此可见，小红书的用户活跃度和黏性都非常高。

在小红书上，用户对各种美妆产品、时尚单品、生活用品和家居装饰品等都表现出了强烈的购买欲望，他们乐于在平台上发现新品、尝试新品、分享购物心得和使用体验，从而形成了一个良性的消费生态圈。这种强烈的消费欲望不仅刺激了平台上的商品销售，也激发了内容创作者的创作灵感和创作热情，促进了平台内容的多样化。

那么小红书上的用户有哪些特点呢?

首先，就性别而言，小红书的用户主要以女性为主。千瓜数据发布的《2024「活跃用户」研究报告（小红书平台）》显示，小红书平台上的大部分用户为女性，而男性用户相对较少。这一特点与小红书的内容特质密切相关。小红书上的内容主要围绕美妆、时尚、生活和家居等话题展开，从而吸引了大量女性用户的关注。因此，在小红书上做与女性相关的内容是最具吸引力和潜力的，女性用户也更容易成为商品的消费者和潜在购买者。

其次，就年龄而言，小红书的用户年龄主要集中在18到35岁之间。这一年龄段的用户占据了小红书用户群体的绝大多数，其中以25岁到30岁之间的年轻女性为主要用户群体。这一特点与小红书的内容定位和用户需求密切相关，因为这个年龄段的用户更加关注时尚、美容、生活方式和消费品牌等方面的内容，而小红书正是以这些内容为主打，满足了年轻女性用户的需求和偏好。

最后，就消费属性而言，小红书的用户具有较强的消费能力和消费欲望。由于小红书是一个社交电商平台，用户不仅可以从中获取到各种生活美妆、时尚潮流等方面的信息，还可以直接在平台上进行购物消费。因此，小红书的用户往往具有一定的消费意愿和购买力，他们乐于购买各种美妆产品、时尚单品、生活用品和家居装饰品等，同时也愿意在平台上分享自己的购物心得和使用体验，为其他用户提供购物建议和参考。因此在小红书上进行的商品推广和销售往往具有很高的转化率，可以给商家和品牌带来可观的销售收益。

了解了小红书的用户特点之后，我们再来看看这个平台未来的发展趋势，以便我们在进行个人账号规划时可以考虑得更加全面。

首先，小红书一直在持续加强对平台的内容监管和优化用户体验。随着平台用户数量的增加，内容质量和内容监管变得尤为重要。小红书将进一步完善内容审核机制，加强对用户生产内容的监管，确保内容的合法性、健康性和优质性，注重内容的精细化和专业化。同时，小红书还将持续优化用户体验，提升平台的易用性和便捷性，满足用户不断增长的需求和期待。从小红书近期热门的 AI 绘画笔记相关模块的设计来看，其也在积极运用这些先进的科技手段来提升平台的智能化水平，在增强用户可玩性的同时，可以更精准地满足用户需求，有效打击一些平台不允许发布的虚假信息。

其次，作为一个社交电商平台，小红书还将继续加强与品牌和商家的合作，拓展商业合作渠道，在这种社交电商模式的基础上做进一步的创新。在继续深化与品牌和商家的合作方面，小红书将推出更多形式的广告、促销和营销活动，吸引更多的品牌和商家入驻平台，提升平台的商业化水平和变现能力。同时，小红书还在积极拓展线上线下相结合的业务领域，尝试进行跨界合作，开拓更多的商业合作渠道，实现平台的可持续发展和商业增值。如果你本身就是小红书的用户，一定能感知到平台近期也出现了一些和美团类似的店铺团购券，还策划了不少线下店铺的打卡活动。

最后，小红书将进一步加强对内容创作者的支持和培养，激励更多优质内容的产生。作为一个内容驱动的社交电商平台，小红书将继续加大对内容创作者的扶持和奖励力度，提供更多的资源和机会，来更好地激发他们的创作热情和创造力，推动平台内容生态的多元化和优质化。同时，小红书还将加强对内容创作者的培训和指导，提升他们的创作水平和影响力，推出更多具有影响力和号召力的内容创作者，丰富平台的内容资源和用户体验。

在面临挑战的同时，小红书也将迎来更多的机遇。随着中国消费市场的持续扩大和消费升级趋势的日益明显，小红书将迎来更多的商业机会和变现空间。与此同时，随着移动互联网和社交媒体的快速发展，小红书也将继续受益于技术和市场环境的进步，拥有更广阔的发展空间和潜力。对于我们这些打算入局的普通人而言，这些趋势无疑是非常有利的。

第三节

想用小红书赚钱？一定要先了解其商业模式

商业模式是什么意思？简而言之，就是这家公司到底是靠什么来赚钱的。可能有人会觉得：我只要经营好自己的小红书账号、能赚到钱就好了，这个平台怎么赚钱跟我有什么关系？它赚到的钱又不会进到我的口袋里。

这种想法虽不能说有错，但并没有从长期发展的角度考虑问题。为什么说“想在小红书上赚钱，就必须先了解这家公司的商业模式”呢？其实道理很简单，在这个资本互相博弈的时代里，我们都不过是背靠“大树”、吃平台红利的小鱼罢了。只有在了解了一家公司的底层赚钱逻辑后，我们才能顺着这个思路，找到一条最符合当前平台发展策略、最能赚钱的长期发展道路。

小红书作为一个新兴的社交电商平台，是因其独特的社区生态和用户体验而迅速崛起并受到广泛欢迎的。在我看来，这个平台的商业模式完全可以用两个词来概括——“种草”与“拔草”。这两个词起源于小红书，用来指代两种不同的行为。“种草”指的是用户通过分享自己的使用体验，向别人推荐一个商品的过程；“拔草”则是与之相反的，指跟别人分享自己的糟糕体验、“劝退”别人购买某物的过程。不过随着这些词的广泛使用和发展，“拔草”如今也有前来体验的意思，不再特指过滤那些体验不好的产品了。

从这两个词就可以看出，小红书的生态其实与用户的分享、商品的评价等内容息息相关。因此，如果我们要深入了解小红书的商业模式，就需要从用户需求、内容生态、流量变现、品牌合作等多个方面进行探讨。

一、用户需求驱动

小红书的用户群体主要是年轻女性，她们对美妆、穿搭、护肤等有着强烈的兴趣和消费需求。平台通过精准的内容推荐和丰富的UGC（User-Generated Content，用户生成内容）满足了用户在购物前的探索和决策需求。用户在平台上不仅可以搜索产品信息和使用心得，还可以通过社区互动获取更多的消费建议。

二、内容生态构建

小红书构建了一个以内容为核心的生态系统，用户既是内容的消费者，也是内容的生产者。博主和普通用户分享购物心得、使用体验、生活技巧等内容，形成了丰富的UGC生态。这些内容不仅吸引了大量用户的关注，还为平台带来了巨大的流量和用户黏性。

三、社交属性和社区互动

小红书注重用户之间的互动和交流，鼓励用户通过点赞、评论、分享等方式参与社区活动。这种社交属性增强了用户的黏性和参与感，用户在平台上不仅是信息的接收者，更是参与互动的主体。社区互动促进了内容的二次传播，提高了内容的曝光率和用户的活跃度。

四、流量变现机制

小红书可以通过多种方式将流量转化为收入，主要包括广告收入、品牌合作收入、直播带货收入等。平台为博主和品牌方提供了多样化的变现渠道，博主可以通过广告合作、推广商品、直播带货等方式获得收入，品牌方则可以通过投放广告、与博主合作等方式提升产品的曝光度和销量。一些较为年轻的美妆品牌方（如橘朵、完美日记、花西子等）就经常使用这种营销方式，通过与多位小红书博主合作，进行产品推广和测评。这些博主通过发布使用心得和测评视频，吸引了大量粉丝的关注并促使其购买，品牌的销量和知名度也随之大幅提升。

五、品牌合作和广告投放

小红书的品牌合作模式主要包括 KOL 合作、KOC 合作和平台广告投放。品牌通过与平台上的 KOL 和 KOC 合作，借助他们的影响力和信任度进行精准的产品推广。平台广告投放则通过算法推荐，将广告精准推送给目标用户，以提升广告效果和转化率。

六、电商导购和购物体验

小红书不仅是一个内容分享平台，也是一个电商导购平台。用户在浏览内容的过程中，可以直接点击链接进行购买，实现内容与购物的无缝衔接。小红书平台通过与各大电商平台的合作，向用户提供了便捷的购物入口和优质的购物体验，进一步促进了用户的消费行为。比如用户在刷到某位时尚博主分享的穿搭笔记后，可以直接点击图片中的商品链接，跳转到电商平台进行购买。这种便捷的购物方式，不仅提升了用户的购物体验，还大大增加了商品的销售量。

七、用户信任和口碑传播

小红书注重用户的信任和口碑传播，用户在平台上的分享和推荐往往具有较高的可信度和影响力。平台建立了严格的内容审核机制和用户评价体系，以确保内容的真实性和可靠性，从而增强用户的信任感和忠诚度。

因此，小红书的商业模式就是基于用户需求、优质内容、社交互动和多元化的变现渠道，通过构建一个以内容为核心的社区生态，来满足用户的消费需求和社交需求。同时，平台通过数据驱动的精准营销和电商导购，实现了流量的有效变现。

我们如果想要利用这个平台开展商业行为、赚取收益，自然也要遵循这样的准则及原则，才能更有效地利用小红书上的流量，为自己带来更多收益。

第四节

了解平台：小红书的热门赛道有哪些？

对于想要在小红书平台收获成功的人来说，除了了解小红书的用户特点、发展趋势和商业模式外，选择一个适合自己的赛道也是至关重要的。

小红书作为一个以分享生活和购物体验为核心的社交平台，聚集了大量用户和内容创作者。其热门赛道涵盖多个领域，每个赛道都有大量受欢迎的博主，他们在各自的领域内拥有丰富的内容储备和忠实的粉丝群体。接下来，我们就一起来看看小红书有哪些热门赛道，以及普通人如何才能在这些赛道中找到自己的位置吧。

一、美妆赛道

提起小红书上的热门赛道，想必大家脑海中第一个浮现出来的就是美妆。没错，美妆与护肤可以说是小红书上最具人气的赛道，平台内有大量关于化妆品、护肤品的测评、教程和推荐，吸引了众多年轻女性用户。

究其背后的原因有以下几点：首先，市面上的各类美妆和护肤品更新换代快，用户需求持续旺盛；其次，小红书的用户比较喜欢分享这些产品的使用体验，互动率较高，因此各大美妆品牌也在小红书上积极与博主合作，通过 KOL 来推广自家的产品；最后，美妆赛道内容丰富，包括化妆技巧、护肤心得、美妆产品评测等，丰富的展现形式也催生了大批不同风格的博主。

作为普通人的我们，想要入门，可以注意以下几点。

（1）**选择细分领域**：初期阶段，我们可以从化妆初学者指南、特殊妆容教程（如万圣节妆容）、护肤步骤等细分领域入手。

（2）**真实体验分享**：在内容方面，要分享自己的真实使用体验和产品评测，以建立粉丝群体对你的信任感。

（3）**互动和反馈**：与粉丝多互动，积极回答他们的问题，提供有针对性的建议，增强粉丝黏性。

二、时尚穿搭赛道

时尚穿搭是另一个非常受欢迎的赛道，小红书上的相关内容极为丰富，涵盖了从日常穿搭建议到高端时尚单品推荐的广泛内容。

首先，时尚趋势变化迅速，作为此类博主需要紧跟潮流；其次，小红书的受众群体广泛，从街头平价风到奢侈品牌，各种风格和价位的穿搭都有广大受众；最后，时尚穿搭注重个人风格的展示，个性化强。因此，小红书上时尚穿搭类的内容非常丰富。

那么普通人入门时需要考虑哪些方面呢？

（1）**明确个人风格**：找到并展示自己独特的穿搭风格，形成个人品牌。

（2）**季节性内容**：根据季节变化提供不同的穿搭建议，如夏季清凉穿搭、冬季保暖穿搭等。

（3）**实用搭配技巧**：分享适合不同场合的穿搭技巧，如职场穿搭、约会穿搭等，增强内容的实用性。

三、母婴育儿赛道

随着家庭用户的增加，母婴育儿类内容在小红书上也越来越受欢迎，主要是为新手爸妈提供的育儿经验、产品推荐等内容。

这类内容的特点有以下几个。

（1）**专业性强**：需要博主有一定的育儿知识和经验，这样才可以长期输出内容。

（2）**用户忠诚度高**：新手父母对育儿知识的需求大、黏性强。

（3）**品牌信赖**：母婴产品品牌更倾向于选择专业博主进行推广。

四、健身健康赛道

健身与健康类内容越来越受到那些注重健康生活方式的用户的欢迎，尤其是在当今这个“内卷”的时代，大家的身体或多或少都处于亚健康状态。其内容一般涉及健身计划、健康饮食和心态调节等方面。

此赛道的内容特点一般有以下几点。

（1）**实用性强**：这些用户更关注实际操作性和最终效果。

（2）**持续性内容**：健身计划和健康饮食需要长期坚持，内容一般会频繁更新。

（3）**专业性强**：提供专业的健身指导和训练计划，帮助用户达到健身目标。

（4）**健康饮食**：分享一些健康饮食的搭配建议，为粉丝提供全面的健康管理方案。

作为并不专业的普通人，如何才能踏入这条赛道呢？我们可以考虑以下几种形式。

（1）**记录自己的健身过程**：分享自己的健身目标、训练计划和成果，激励他人。

（2）**提供简易的健身方法**：为初学者提供简易的健身方法和入门指导。

（3）**提供健康的生活方式**：分享健康生活的方法和技巧，提供全面的健康管理建议。

五、美食烹饪赛道

美食赛道在小红书上也非常火爆，一般博主都会详细展示食谱和制作步骤，以方便粉丝学习和参照。近几年美食赛道的健康饮食趋势显著，那些营养均衡的食谱会更受欢迎。

非专业厨师的普通人该如何入门呢？我们可以考虑以下几点。

（1）**选择细分领域**：可以从家庭料理、快手菜、健康食谱等细分领域入手。

（2）**简化复杂步骤**：将复杂的菜肴制作步骤简化，提供简单易学的教程。

（3）**食材推荐**：推荐实用的食材和厨房工具，提高用户的购买意愿和黏性。

六、旅行攻略赛道

这也是小红书上的一条爆火赛道。现在的年轻人出门旅游不再喜欢报名“跟团游”，而更偏爱自己做攻略的“自由行”，大家也将在网上查找攻略的步骤称为“做功课”。去新的城市旅游，不做点功课，怎么能体验到当地的特色呢！

这类赛道的内容一般多为分享真实的旅行体验和攻略，覆盖吃、住、行、游、购、娱等方面。这类分享在形式上会比较丰富，可以结合文字、图片、视频等方式，全面展示旅行目的地的风貌和特色美食。

旅游经验并不丰富的普通人怎么办呢？我们可以从以下三个方面入手。

（1）**从周边游开始**：从自己熟悉的周边旅行目的地入手，从本地人的角度分享详细攻略。

（2）**主题旅行**：打造特定主题的旅行内容，如亲子游、自驾游、美食之旅等。

（3）**细节分享**：分享旅行中的小细节和实用技巧，比如怎么打包行李、怎么选酒店等。

七、生活技巧赛道

你有没有过被“妈妈买了都说好用的 10 个工具”“外卖袋子千万别扔！还能这样废物改造”等内容“硬控”几分钟的经历？这些都属于生活技巧赛道上的内容，该赛道涵盖生活小技巧、好物分享等内容，一般有以下几个特点。

（1）**实用性**：提供实用的生活技巧和妙招，帮助用户解决日常问题。

（2）**创新性**：分享有趣的创意手工和 DIY 项目，吸引用户尝试。

（3）**节约环保**：推广节约和环保的生活方式，响应环保理念。

因此，我们普通人入门也可以考虑以下几个方向。

（1）**从日常问题入手**：分享自己在生活中发现和解决的小问题，提供实用技巧。

（2）**展示 DIY 项目**：展示简单易学的 DIY 项目，鼓励用户动手尝试。

（3）**倡导环保**：分享节约资源和环保的小技巧，呼吁大家共同保护环境。

了解小红书的热门赛道有助于我们在进行内容创作时更好地选择切入点和发展方向。每个赛道都有其独特的魅力和巨大的潜力，如果我们能抓住这些热门赛道，结合自身特点和用户需求创造优质内容，就能在小红书上开辟出属于自己的一方天地。请记住：成功没有捷径，只有不断地努力和坚持，才能在竞争激烈的内容创作领域脱颖而出。

第五节

对普通人而言，完成比完美更重要

你是不是经常想发布一些内容，但是修完图、剪完视频后，又觉得不够好就放弃上传了？

你是不是经常在发布内容后反复查看，感觉数据不好，就立马删除了？

其实，在小红书这种内容创作领域，无论是新手还是有经验的创作者，必须时刻谨记一个准则——完成比完美更重要。因为在这个充满竞争和变化的环境中，及时发布内容、保持稳定的更新频率，才能给我们带来更多的流量和粉丝，而这往往比追求完美无瑕的作品更重要。

为什么这么说呢？

首先，追求完美的创作过程往往需要耗费大量时间和精力，但在小红书这种快节奏的社交媒体环境中，时间就是一切。用户对内容的需求总是在不断变化，新热点、新话题层出不穷，如果你在打磨一条内容上花费了太多时间，很可能就会错失最佳的发布时机。

比如，当某个话题突然“爆火”时，如果你能够迅速发布相关内容，你就能抓住这波流量红利，即使内容并不完美，你也能收获千百倍的流量。反之，如果你花费太多时间在细节上，等你发布时，这个话题可能已经过时了。

其次，在小红书上，用户喜欢持续更新的账号，平台也会嘉奖那些持续创作的人。不断发布内容不仅能增加你的曝光率，还能帮助你积累更多的粉丝。一些博主的视频制作并不精良，但我们每天都能刷到。这就是因为这些博主靠着自己的坚持，获得了更多的流量推荐，逐渐积累了大批忠实粉丝，有时候他们反而比那些一个月才更新一次但质量极高的博主更受欢迎。

最后，我们只有在不断发布内容的过程中，才能持续学习和成长。每次创作和发布都是一次经验的积累，只有作品被别人看到，收到了反馈，我们才能从中获得改进的方向，从而不断提升自己的创作能力。

那么，我们该如何保证自己的完成率呢？

一、制订合理的计划

首先，我们可以制订一个切实可行的计划，以确定账号发布的频率和内容类型。内容创作是一个需要持续投入的过程，只有不断地输出内容，才能让自己的账号保持活跃。对于新手博主来说，定期发布内容比偶尔发布一篇完美的作品更有意义。

我们可以通过不断创作和发布笔记，积累经验，逐渐找到自己的风格和节奏，同时也能增加曝光的机会。小红书的算法会倾向于推荐那些持续更新的账号，这意味着完成的内容越多，你被推荐的机会也就越大。因此，我们千万不要过于追求每条内容的完美，而是要确保按时完成和发布。

想要按时完成和发布笔记，可以使用以下两种方法。

（1）内容日历：制订一个月度或季度的内容日历，确定每周要发布的内容主题和形式，如每周发布 3 条图文或 2 条视频。

（2）**任务分解**：将每条内容的制作过程分解为多个小任务，每天完成一部分，以确保按时发布。

二、接受不完美

在创作过程中，我们不要过于苛求每一个细节的完美。没有人一开始就能创作出完美的内容，只有通过不断尝试和实践，才能逐渐提高自己的内容质量。毕竟实践出真知，我们只有通过实际的操作，才能真正掌握内容创作的技巧。

同时，不断地完成内容发布，可以让我们获得一种成就感和满足感，这对于保持创作的热情非常重要。创作的过程本身就是一种激励，看到自己的作品被用户喜欢和分享，会让我们更有动力去创作更多的内容。所以我们要学会接受不完美，注重内容的整体效果和用户体验。

为了保质保量地发布内容，我们可以尝试以下两种方法。

（1）**优先级排序**：在制作内容时，优先处理影响整体效果的关键要素，如内容的主题和结构，而不是纠结于次要细节，如某个镜头的完美度。

（2）**及时发布**：对于定好的内容，我们要设定一个合理的截止时间，一到时间就发布，不要因为微小的瑕疵而一再拖延。

三、根据用户的反馈迭代精进

在内容创作的初期，频繁的更新可以帮助我们快速聚集起一批忠实的粉丝。相比于追求完美，频繁发布内容可以让粉丝感受到我们的存在，并保持对账号的关注。这些早期的粉丝会成为我们未来成长的重要基础，他们的支持和反馈对我们来说至关重要。

我们可以通过持续发布内容，保持与粉丝的互动和联系。用户的评论和反馈是我们改进内容的重要依据，通过与用户的互动，我们可以更好地了解他们的需求和喜好，从而创作出更受欢迎的内容。因此在及时发布内容后，我们也要关注用户的反馈和评论，不断改进，这样才能逐步提升我们的内容质量。

迭代精进的方法主要包括以下两种。

（1）**互动沟通**：积极与用户互动，回复他们的评论和私信，了解他们的需求和意见。

（2）**数据分析**：通过分析每条内容的浏览量、点赞数和评论数等数据，找出用户最喜欢的内容类型和风格。

四、优化工作流程

另外，我们还需要时刻优化自己的创作和发布流程，提高效率，以减少不必要的时间浪费。追求完美往往会导致对细节的过度关注和反复修改，最终影响内容的发布效率。而在小红书这样一个内容更新速度极快的平台上，效率往往比完美更重要。

快速高效地完成内容，可以让我们有更多的时间去策划下一次的创作，同时也能更及时地响应用户的需求和热点话题，增加被用户看到和互动的机会。通过优化工作流程，我们可以在保持频繁更新的同时提升内容质量。

（1）**使用模板**：我们可以为常规内容创建模板，如固定的封面格式、视频片头片尾等，减少每次制作时的重复工作。

（2）**工具辅助**：我们可以利用各种创作工具和软件提高图片处理、视频剪辑等工作的效率，如使用快捷工具、自动化脚本等。

对于普通人来说，完成比完美更重要。这一理念在小红书上尤为适用。在内容创作过程中，我们要学会接受不完美，专注于及时发布和持续更新，不仅能帮助你积累粉丝和提高曝光率，还能让你在不断尝试和改进中提升自己的创作能力。通过不断发布新内容，我们可以逐渐提高自己的内容质量，积累更多的粉丝和影响力，从而在小红书上获得成功。

所以，不要让追求完美成为我们保持更新的绊脚石，勇敢地迈出第一步，用完成来迎接更多的可能性。在后面的章节中，我们也会详细地介绍这些方法。

第二章

从 0 到 1，建立你的个人账号

第一节

你适合运营小红书吗？五分钟帮你快速判断

想要成为小红书博主，但不确定自己是否适合做这一行？相信这个问题困扰着很多人。小红书作为一个以内容为核心的平台，吸引了大量用户和内容创作者。那些成功的博主不仅能够在这个平台上积累大量的粉丝，还能通过各种方式实现变现。

然而，并不是每个人都适合做小红书博主。

首先，许多人对自己的兴趣和特长缺乏清晰的认知，不确定自己是否能够在某个领域持续地产出优质内容。同时，面对平台上已有的优秀博主，尤其是那些拥有大量粉丝和高互动率的博主，很多人会感到自愧不如，怀疑自己是否具备同样的能力和潜力。

其次，内容创作不仅仅是简单的记录生活，更需要持续的创意和努力才能完成。那些高质量内容的背后，离不开创作者的精心策划、拍摄和剪辑，这整个过程的复杂性和耗时程度常常会被低估，而且高质量的内容通常需要专业的拍摄设备和剪辑软件，很多人担心自己在设备和技术方面的不足会影响内容的质量和竞争力。然而学习如何使用各种设备和工具往往需要花费不少的时间和精力，很多人也会担心自己无法迅速掌握这些技术，从而影响内容的制作效率和传播效果。同时，成为小红书博主需要投入大量时间进行内容创作、互动和推广，很多人还会担心自己无法在日常工作和生活中抽出足够的时间和精力来平衡这些任务。最重要的是，内容创作是一个持续积累和输出的过程，需要不断更新和保持新鲜感，很多人担心自己无法长期保持创作的热情和动力。

再次，小红书的用户群体广泛且需求多样化，很多人不确定自己的内容是否能满足目标受众的需求和兴趣，会担心无法获得足够的关注和互动，毕竟与受众进行有效互动是提升粉丝黏性的重要手段。但当我们作为新手博主时，很可能不知道如何与受众建立联系、保持高质量互动。

最后，尽管小红书提供了多种变现方式，如广告合作、带货和课程销售等，但大部分普通人对这些变现路径的操作细节和实现难度都不熟悉。因此也会有很多人担心投入大量时间和精力后，依然无法获得预期的回报，毕竟这种内容创作的收入是存在一定的未知性和波动性的，有时甚至可能会颗粒无收。那些希望将其作为主要收入来源的人可能就会担心自己无法实现稳定的收入。

上面这些可能都是你担心过的问题。接下来，我们将通过几个简单的步骤，帮助你在五分钟内快速判断自己是否适合做小红书博主。

一、兴趣与热情

问自己：我对什么感兴趣？

做小红书博主需要对某个领域有浓厚的兴趣和热情。无论是美妆、时尚、旅行、美食还是健身，如果不是真的感兴趣，我们就很难长期坚持下去。所以，现在请问问自己：我是否有一个能够持续投入时间和精力的兴趣爱好？这个兴趣是否能够在小红书上找到相应的受众？

比如，如果你喜欢尝试各种化妆品和护肤品，并且乐于分享使用心得，那么你可以考虑成为一名美妆博主；如果你热爱旅行，喜欢探索新地方、拍摄美丽的照片，并愿意分享旅行攻略，那么旅行博主就很适合你；如果你的爱好过于小众也没问题，只是可能粉丝数量和关注度会没有那么高。

二、内容创作能力

问自己：我能否创作出优质内容？

优质的内容是吸引和留住粉丝的关键。我们需要具备一定的内容创作能力，包括写作、拍摄、剪辑等。我们可以问问自己：我是否有足够的创意和能力制作出高质量的图文、视频内容？如果没有的话，我是否愿意花时间学习和提升这些技能？

小红书平台有两种内容发布方式——图文和视频。如果你擅长写作，能够将自己的经验和见解清晰、生动地表达出来，你就可以在小红书上通过图文分享吸引粉丝；如果你喜欢拍照和拍视频，并且能够剪辑制作出有吸引力的内容，那么你就可以通过制作短视频来吸引观众。

三、社交互动能力

问自己：我是否愿意与粉丝互动？

小红书是一个高度互动的平台，粉丝的评论、点赞、分享对博主的成长至关重要。我们需要愿意并且擅长与粉丝互动，及时回复评论和私信，与粉丝建立起良好的关系。所以我们还要问问自己：我是否喜欢与人交流，愿意花时间和精力与粉丝互动？

这些互动方式包括回复评论和组织社群活动等。如果你愿意花时间回复粉丝的评论，回答他们的问题，与他们进行互动，你就能够更好地维持粉丝的活跃度和忠诚度；如果你擅长策划和组织线上互动活动，如抽奖、问答、直播等，你就可以在社群内通过这些活动增强粉丝的参与感和黏性。

四、持续学习与创新

问自己：我是否愿意持续学习和创新？

内容创作领域是一个不断变化的领域，我们需要不断学习新知识、新技能，紧跟潮流，创新内容的形式。因此，问问自己：我是否有足够的学习动力和创新精神？我是否愿意尝试新事物、接受新挑战？

如果你愿意花时间学习拍摄、剪辑、设计等技能，不断提升自己的内容创作水平，那么你在这个平台上就会更有竞争力；如果你能够敏锐地捕捉到最新的潮流趋势，并迅速应用到自己的内容创作中，那么你也会更容易吸引和留住粉丝。

五、商业意识与变现能力

问自己：我是否具备商业意识和变现能力？

做小红书博主不仅仅需要分享内容，还需要有一定的商业意识和变现能力。我们需要了解如何与品牌合作，如何通过广告、带货、直播等方式实现变现。

这要求我们能够寻找商机或具备一些带货能力。如果你能找到与品牌合作的机会并洽谈成功，制作出让品牌方满意的推广内容，你就可以通过这些合作实现收入变现；如果你擅长推荐产品，能够通过直播或其他方式带动产品销售，那么你就可以通过带货和直播实现收入变现。

现在，对于自己是否适合运营小红书的问题，相信你的心中已经有答案了。以上这五个问题中，如果你有三个及以上的答案为“是”的话，那么恭喜你，你非常适合做一名小红书博主！

通过以上五个方面的自我评估，我们可以快速判断自己是否适合做小红书博主。如果你对某个领域有浓厚的兴趣和热情，具备一定的内容创作能力，愿意与粉丝互动，乐于持续学习和创新，并且具备商业意识和变现能力，那么你就已经具备了成为小红书博主的潜质。

记住，成功的关键在于坚持和不断提升自己。希望这些提示能够帮助大家找到适合自己的赛道，早日在小红书上实现自己的梦想和目标。

第二节

新手起号的技巧和注意事项

接下来我们就可以准备进行个人小红书账号的创建了。在小红书这个竞争激烈的内容平台上，新手的起号过程还是需要精心规划的。在实操之前，我们需要先了解一下新手起号需要经历哪些阶段，这样有助于我们提前做好充足的准备，顺利完成账号的起步并快速成长。

新手起号大致分为以下六个阶段。

第一个阶段：确定自己的定位和包装

在起号的初期，确定账号的定位和内容方向是至关重要的一步。因为小红书是一个以内容为核心的平台，明确的定位可以帮助你吸引特定的用户群体，有助于逐渐树立自己的个人 IP 形象。我们可以根据自己的兴趣和擅长的领域选择合适的内容主题。如果你擅长美妆，可以选择护肤、化妆、生活等方面的内容；如果你擅长母婴类内容，可以选择与育儿、母婴产品相关的内容。明确定位后不要轻易更改，因为中途更换赛道会影响到账号的曝光和流量。

确定好赛道后，我们就可以创建自己的账号了。对于小红书账号来说，一组适配的头像、昵称和个人简介可以增强账号的专业度和信任感。毕竟这是用户对我们这个账号的第一印象，所以格外重要。头像方面，大方美观就可以，如果是要做个人 IP，最好用自己的头像，这样能快速建立信任感。起昵称的要点就四个字：简单好记。我们可以用一个名字加上自己的领域来加深用户的印象，如 ×× 爱读书、×× 在澳大利亚、摄影师 ×× 等。简介则要尽量简洁一些，介绍账号的主要方向，让用户一眼就能了解你的特点。这里介绍一下个人简介的三类常见写作公式。

（1）**我很专业**：数据化描述 + 具体领域定位。

（2）**我很特别**：高级文案 + 共情话术。

（3）**我很厉害**：一句话概括一段经历，体现自身价值。

第二个阶段：做好内容发布规划

在明确定位之后，我们就要对账号的内容发布进行详细规划，其中包括发布时间、发布频率和发布数量等。在起号的前 3 ～ 5 天，我们要以自然人的方式，每天有规律地登录小红书，也就是俗称的“养号”。简单来说，就是在建好小红书账号以后，保持每天稳定登录，然后正常浏览图文、视频就可以了。养号期间建议尽量使用手机 4G 流量查看小红书内容，每天的浏览时间大约保持在 30 分钟即可。

除了养号以外，发布内容的频率也很重要，前期我们需要尽量保持每周发布 5 个笔记的频率。确保定时定量地发布内容，以保证账号的活跃度。这主要是为了避免被平台算法判定为营销号，从而影响账号的流量。

第三个阶段：坚持发布笔记

内容的持续输出是成功的关键。在这个阶段，保持稳定的更新频率、持续发布优质内容是最重要的。在持续发布笔记的过程中，可能会遇到效果不佳的情况。无论遇到什么情况，我们都需要保持好心态，不要急躁，可以根据数据反馈逐步优化内容质量。切记，不要一开始就想着快速盈利，这样很容易影响我们的心态。我们可以先分享有价值的内容，积累粉丝，通过积极与粉丝互动来提高粉丝的忠诚度和黏性，再逐步考虑商业化。如果你在做美妆赛道，可以先分享一些有关美妆的心得和技巧；如果你在做母婴赛道，可以先分享一些育儿经验、妈妈心得等。

就像我们每天都在发自己的日常生活一样，不要一上来就发营销广告，这样很有可能会被封号。

笔记的细节方面有以下几点需要注意。

（1）**标题**：标题可以说是文章的眼睛，要想吸引用户阅读下去，一定要起一个有吸引力的标题。

（2）**标签**：关键词标签决定了用户在搜索关键词时能否看到我们的笔记，恰当的标签可以提高笔记被推荐的概率。因此在发布笔记时，我们可以通过手动添加关键词标签来增加曝光率。

（3）**内容**：笔记的内容一定要有价值，不能为了迎合平台或流量而发布一些没有营养的内容。如果长期发布没有营养的笔记内容会导致“掉粉”。

（4）**发布时间**：笔记的发布时间尽量选在以下四个时间段。

上午：6:00～9:00，起床和通勤时间。

中午：12:00～13:00，吃饭和午休时间。

下午：17:00～19:00，通勤和晚饭时间。

晚上：21:30～22:30，睡前娱乐时间。

以上四个时间段平台活跃用户多，流量自然也大，抓住这四个高峰期，更容易出爆款笔记。

（5）**更新频率**：我们要有自己的更新节奏。在保持一个规律更新周期的同时，也不要为了多更新而写一些低质量、没有亮点和意义的笔记，否则会影响平台对账号的判定。

（6）**违规问题**：我们一定要谨记平台的违规词和限制内容，在发布笔记之前一定要检查排除违规情况，比如标题违规或者图片违规等。如果出现违规情况，内容流量就会受到影响。如果出现多次违规，还会影响到个人账号。

第四个阶段：建立选题库与素材库

建立选题库和素材库是内容创作的一项重要环节，可以帮助我们持续输出高质量的内容。在起号阶段，模仿和复制爆款是吸引流量的密码，但需要注意的是：绝对不要抄袭！内容抄袭不仅会破坏粉丝对我们的好感，而且如果被举报了，还可能会面临被封号或限流的惩罚。想要做出爆款内容，我们可以搜集同领域的爆款账号，把他们当作对标学习的对象，从选题、笔记内容、人设、风格等方面逐一分析，结合自身的情况，整合精华，形成自己的东西。一开始我们不一定要去学那些头部博主，可以选择跟自己处于同一发展时期的博主，学习借鉴对方的起号和发展思路。

那么什么是爆款内容呢？记住三大原则：主页、关键词、时效性。

（1）**主页**：每次打开小红书，主页都会推荐一些我们比较感兴趣的内容。大家可以根据“大于 1000 点赞的是小爆款，大于 10000 点赞的是大爆款”这个准则，去选择自己想参考的内容。

（2）**关键词**：当我们定好内容的选题之后，就可以拿出一两个关键词去搜索。一般来说，搜索后展示的都是比较有潜力成为爆款或者已经成为爆款的作品，大家可以直接学习。

（3）**时效性**：我们模仿爆款的同时也要注意时效性，模仿的热点最好是7天以内的，若过了这个热度期，话题热度下降，就不再是爆款了。

如果担心影响账号的人设，我们也可以先创建一个小号来做如下操作：首先，关注50～100个同类型的优质账号，研究他们的爆款笔记，并收集那些互动和收藏数据较高的选题内容；其次，根据这些爆款笔记里面的核心关键词去搜索相关领域的热门关键词，然后按照排名顺序把前五名的关键词全部记录下来，整理成选题关键词库；最后，将自己所在的领域和其他领域的热门内容相结合，生成关联互动式的创意选题库，制造稀缺内容。

第五个阶段：开始出现爆款并获得平台推流支持

在持续输出内容的过程中，某一天我们可能会发现，某条笔记突然火爆起来，获得了很多的评论、点赞、收藏。任何平台都喜欢优质内容，小红书也是如此。一旦被系统判定为优质内容，就会获得更多推荐和曝光。所以我们在创作的时候，一定要确保内容的独特性和趣味性，还要具有实用价值，这样才能帮助我们吸引更多的关注和互动。

不过，内容垂直才是关键的一步。我们需要尽量持续发布同领域相关的话题内容，这样账号的权重才会随之提高。同时，在获得一定流量后，我们千万不要骄傲自满，而是要持续地参考垂直领域的优质内容，不断优化和调整自己的笔记，以保持流量的稳定增长。

第六个阶段：开始接广告变现

当我们的账号积累了一定粉丝和流量后，就可以开始考虑变现了。小红书的变现渠道主要有两种：一是通过小红书商城链接到购物车进行销售；二是接广告，推广商家的产品。商家会通过蒲公英后台寻找优质达人合作，目的是在提升销量的同时进一步扩大品牌影响力。

除了主动寻找流量、通过内容营销吸引流量，你还可以通过与头部IP、知名博主、KOL达人、行业商家和行业媒体等进行合作，实现资源互换和流量转化，最终实现双方共赢。需要注意的是，变现需要时间和资源的积累，不要急于求成。只要我们保持稳定的更新频率，持续输出优质内容，最终一定会有所收获。

第三节

精准定位：打造专属吸“睛”人设

在纷繁复杂的社交媒体世界中，海量的信息和内容争夺着用户的眼球。如何在这种环境下脱颖而出，吸引并留住粉丝，是每个博主都会面临的挑战。不知道你有没有发现，小红书上的那些头部博主都有着一个共同点：他们都有一个清晰、独特且吸引人的人设。比如提到那句经典的“Oh My God，买它！”相信你一定知道对应的博主是哪一位。所以对于账号人设的精准定位，不仅能让我们在海量内容中脱颖而出，还能帮助我们吸引到更多对自己内容感兴趣的目标受众，形成稳定的粉丝基础。

对于想要在小红书上崭露头角的新人来说，如何精准定位自己，并打造一个独特且吸引人的人设，就显得尤为重要了。然而也有很多人表示，在运营小红书时，不知道该如何给自己定位，或者不知道发哪方面的内容，只能把小红书当作另一个朋友圈，什么内容都发，最终只收获到个位数的粉丝。

遇到这种情况，我们先别急，静下心来了解一下：到底什么是个人账号的人设呢？人设，即个人品牌标识，是为了让人能通过简短的描述立即认出你的特色。简而言之就是，我们可以用一两句话或几个关键词来回答以下三个问题：你是谁？你可以为什么人提供价值？你有什么不同？如果你能回答出这三个问题，你的人设也就不难建立了。

此外，我们还需要重新认识小红书和自己。一方面，我们要了解小红书的热门领域、热门博主及其特点；另一方面，我们也要挖掘自身优势，寻找自己身上与众不同的闪光点。毕竟最好的人设定位就是做最真实的自己，也就是从自身出发。我们可以从身份、价值、形式、人格、记忆点这几个方面来定位。比如，你是一位护肤方面的专家，那么就可以用一句话定位你的价值：拥有长达 5 年的护肤实践经验，专为爱美的女性（用户）提供护肤知识（产品 / 服务），让她们可以在空闲时间学习到护肤知识（情境），解决皮肤干燥、暗黄、易长斑等问题（痛点），让她们获得更省时省心的科学护肤方法。

除了分析平台和自身，向优秀账号学习也是一个打造人设的思路。那些小红书达人的账号在人设方面有哪些共同特质呢？在深入研究平台优质博主后，我发现最受欢迎的博主有一个共同点，那就是鲜明的人格特征。这种人格特征包括四个方面，如果能够满足其中三个，就说明已具备打造优秀人设的潜力。

（1）**积极向上**：相信无论是哪类受众，都不会喜欢长期看负面、消极和抱怨的内容。粉丝往往对充满正能量、生活积极向上的内容更有趋向性，并且会推崇这种美好的品质。

（2）**自律**：自己的自律很难达成，那么看博主的自律生活又何尝不是一种自律呢？在小红书平台上，这些励志、努力、开朗的人设标签都非常受欢迎。

（3）**真实**：平台上从来不缺颜值高、身材好、生活光鲜亮丽的博主，但并不代表这种账号就一定会火，毕竟现在的各种美颜工具让互联网上的

“脸”长得都一样。用户的眼睛是雪亮的，只有真诚、用心地分享内容，才会受到广大用户的欢迎。

（4）**闪光点**：优秀的博主之所以受欢迎，就是因为他们身上至少有两个闪光点，并且敢于展示给大家看。有人声音好听，有人经历丰富，也有人琴棋书画样样精通。其实每个人身上都有不同的闪光点，就看自己会不会挖掘了。

我们可以从以上特质中总结出打造优秀人设的三大原则。

（1）**原创性**：原创内容是价值的最佳体现。随着大众版权意识的提高，原创内容和原创作者将会受到更多的认可和尊重，平台也会越来越注重保护原创内容，限制、惩罚抄袭和未经授权随意搬运原创内容的行为。

（2）**专业性**：在定位领域和树立个人形象时，必须与自身的实际经验相结合，以体现自身的优势。

（3）**内容质量与数量**：在原创和专业的基础上提供丰富的内容是提高账号价值的关键。只有持续提供有价值的内容，用户才会愿意持续关注。因此，确保视频内容的更新频率和质量是至关重要的。

了解了这些基础知识后，就能在小红书上打造个人 IP 了。我们不妨试试以下几种方式。

（1）**讲述个人故事**：这种类型的人设最好是亲身出镜分享个人经历。我们可以通过分享个人的故事和经历，让用户了解我们所从事的领域，看到我们的生活，从而建立起对这个账号的初步印象。并且，讲故事的方式既能展现博主的经验丰富性和可靠性，塑造出一个值得被信赖的人设；又能快速建立起信任关系，增强博主与粉丝之间的连接感。

（2）**分享自身经历**：不同于上面的讲述个人故事，这里的经历主要是指做一些事情的过程。例如，展现产品的制作或创建过程、演示工作中的具体步骤、再现提供服务的过程等。对这些过程的分享，可以体现出我们拥有丰富的经验和较高的可信度。如果能在这个过程中再加入一些个人特色就更好了，比如同样是分享画画过程，我们可以使用特殊的配乐或配音，这样大家一听到这个音乐或声音，就会下意识地想到你，这就形成了鲜明的个人特色。

（3）**爆款产品分享**：分享爆款产品的视频内容可以围绕美妆、服饰、电子产品等多个方面展开，具体内容可以是产品评测、开箱、优缺点等方面的介绍。但这种类型前期投入的成本会高一些，毕竟分享的爆款产品需要我们买回来试用，并给出个人的特色见解。

精准定位是打造人设的关键。通过确定自身兴趣和擅长领域、分析目标受众、形成独特的个人风格、塑造鲜明的人设，以及持续输出高质量的内容，我们就能在小红书上建立一个具有吸引力和影响力的人设。

然而要打造一个吸“睛”人设并不是一朝一夕的事情，需要我们不断地努力和优化。不过，只要我们能够保持对内容创作的热情，精准把握受众需求，并不断提高自己的内容质量和互动水平，相信我们一定能在小红书这个平台上取得理想的成绩。

第四节

内容引人关注的内核是“利他性”

不管是小红书，还是抖音、知乎等平台，能吸引人关注的关键，永远在于内容的“利他性”。什么是利他性呢？简而言之，就是你的内容能否为他人带来价值。无论是在美妆、时尚、母婴领域，还是在健身领域，所有成功的博主都有一个共同点：他们的内容对用户来讲是有帮助的，能够解决问题或满足用户需求。

小红书就是一个为用户提供有用信息、解决问题的平台。如果我们的笔记没有用处、解决不了用户的问题，那么流量从何而来呢？所以我们可以说，小红书是一个非常“势利”的平台，谁提供的内容有用，谁就更容易引起用户的注意。

那么什么叫有用的内容呢？主要包括以下三点：能让别人手到擒来直接用；能让别人看完伤心落泪或笑得合不拢嘴；能让别人对你产生好奇，想“变成”你。

因此，作为博主，我们既要有一种无私奉献的精神，又要有一种心甘情愿被“无偿利用”的信念。我们要站在用户的角度去策划内容：我发的内容能给用户解决哪些问题？能帮用户解决问题或直接给用户提供问题答案的笔记，就是小红书的流量密码。

因此，我们需要以用户的利益为先，创作出真正有价值的内容。这种“利他性”不仅可以带来更多的关注和互动，还有助于建立信任和忠诚，让用户更愿意与我们进行互动和分享。

这里说的“利他”其实不单纯指用户，我们还可以从以下三个方面来看。

一、利平台

目前，在所有自媒体平台中，小红书是为数不多的仍在快速增长的平台，它希望能够持续吸引新的用户，打造一个兼具社交和电商功能的平台。因此，以下两个问题的答案就很关键了：我们的内容能吸引到什么样的用户？我们的笔记能否吸引到平台以外的用户进入小红书？这也是优质内容更容易被平台推广的原因之一。

平台想要推广的一定是那些优质内容。当新用户进入小红书进行搜索时，平台会优先推送优质内容。这样不仅维护了平台的形象，还能吸引更多用户。也就是说，你的笔记能吸引到什么样的人，平台就会给你推送什么样的人。这种相互关系决定了你必须为平台创造有价值的内容，才能获得更多的推荐和曝光。

二、利用户

很多新手博主会困惑：为什么我的笔记没有流量？为什么我不涨粉？为什么在同样的领域发布，别人一天涨粉 1000，我却一个也不涨？这些问题的核心在于你是否真正为用户创造了有价值的内容。现代社会，每个人至少有两个自媒体平台账号——抖音、微博、快手、朋友圈……这意味着用户每天都会接触大量的内容。这些内容有的粗制滥造，有的堪称精华。因此，用户的品位和三观被不断提升，对于那些和自己没有直接利益关系的内容，他们根本不会关注。

那么，什么样的内容是对他们有利的呢？这包括以下四点。

（1）**有用**：提供实用的技巧和知识。

（2）**悦己**：满足用户的心理需求，能够带来愉悦感。

（3）**成长**：帮助用户提升自己，获得新的知识和能力。

（4）**节省**：帮助用户省时间、省钱、省力。

三、利自己

从博主自身出发，利平台和利用户是一种大爱无私的表现，利自己则是帮助自己提升赚钱能力的关键。小红书每天都会诞生大量的新博主，同时也有很多老博主逐渐消失。作为博主，如果我们只考虑利平台和利用户，那么账号在运营一段时间后，很有可能就会陷入瓶颈，甚至消失。

为了避免这种情况，我们需要不断学习和提升自己。因为我们能吸引到的用户，绝大多数是知识储备和认知能力不及我们的用户。为了扩大用户范围，我们必须不断提升自己，充实自己的知识库，这样才能吸引更多高质量的用户。

说到底，小红书的流量密码就是两个字：利他。但我们需要从以下三个层面去理解：怎样是利平台？怎样是利用户？怎样是利自己？做好这三件事，你就掌握了做内容的诀窍。我们以两个实际的场景为例，帮助大家更好地理解如何在内容创作中实现“利他性”。

（1）**游玩活动和民宿**：如果我们的账号是关于游玩活动或者民宿的，就可以多从当地的旅游景点出发，制作详细的美食攻略和游玩指南。可以发布一些细节丰富、干货满满的引流帖，比如从民宿的“服务”“设计理念”“优势”等角度进行软文植入。通过引人注目的头图、详细的内容和有吸引力的标题，吸引用户的关注和参与。

（2）**创建熟悉的场景**：如果我们的内容是美食、健身、手工等赛道的，就可以通过创建用户熟悉的生活场景来吸引他们的注意。例如，分享一些简单易做的家庭食谱、实用的健身技巧或者详细的手工制作过程，让用户感觉这些内容对他们的日常生活有实际帮助。

利他与较高的内容价值是小红书博主的流量密码。通过创作对平台、用户和自身都有利的内容，你不仅能获得更多的曝光和粉丝，还能在竞争激烈的自媒体环境中立于不败之地。不断学习、提升自己，才能在内容创作的道路上越走越远，取得更大的成功。

第五节

避免常见错误：新手不容忽视的四大误区

在成为小红书博主的道路上，许多新手博主一开始往往充满热情，怀揣着对内容创作的美好憧憬，希望能在这个平台上发光发热。然而，内心的热情往往不能抵御现实的残酷。我们在实际操作中常常会遇到各种困惑和挫折，有时自己精心制作的笔记并没有得到预期的关注，甚至连基本的流量都难以获得。在这种情况下，许多人会感到迷茫和无助，甚至怀疑自己的能力和方向。

其实，新手“掉坑”是一个非常正常的现象。

首先，成为一名成功的小红书博主并不仅仅是发布几篇笔记这么简单，而是需要明确的定位、持续的内容输出、高质量的互动和对数据的敏锐洞察。新手博主往往因为缺乏经验和指导，在初期阶段陷入一些误区。比如，很多人会忽视定位的重要性，导致内容杂乱无章；或者因为初期缺乏粉丝互动而失去信心；甚至一些人急于变现，忽略了内容的质量和用户体验。

其次，小红书平台的算法和用户习惯与其他社交平台有所不同，这也使得新手博主需要在内容创作和运营策略上更加精细化。因此，要想在这个竞争激烈的平台上脱颖而出，就需要避开一些常见的误区，并掌握正确的运营方法。

最后，我们来探讨一下小红书博主在运营过程中容易陷入的四个常见误区，以及如何通过优化策略来提升自己的运营效果和用户吸引力。

误区一：内容同质化严重

内容同质化是指在小红书平台上发布的内容与其他博主的内容相似甚至相同。这不仅会导致平台把博主的内容判定为抄袭，还会降低用户的兴趣和参与度。针对这一问题，我们应该从以下几个方面进行优化。

（1）**寻找差异化定位**：小红书是一个以“种草社区”为核心的分享平台，要吸引用户的注意力，就需要找到与众不同的内容切入点。例如，如果其他博主通过图文展示产品，我们就可以尝试用视频形式展示产品的特点和使用方法。

（2）**选择垂直领域**：选择一个与自己的兴趣或背景相关的垂直领域并深耕。例如，美妆博主可以分享护肤和化妆技巧，旅游博主可以发布旅游攻略和游记等。此外需要注意的是，在小红书上发布笔记时，我们可以在笔记开头添加相关领域的关键词，这将有助于吸引特定用户群体的关注。

（3）**多维度展示产品**：在小红书上发布内容时，我们可以通过不同的方式展示产品。例如，可以用图文、视频等形式展示产品的特点和使用方法。如果想要吸引更多用户的注意力，我们还可以在小红书平台上发布一些与品牌相关的互动问答来吸引用户。

（4）**内容要有新意**：创意和独特性是吸引用户的重要因素，如果一个内容看起来非常普通，那么它就不会受到用户的关注。因此，在创作笔记时，我们要注重内容创意和独特性。我们可以利用一些新奇有趣的内容吸引用户的注意力，或者用一些独特的视角或小技巧提高笔记的趣味性和吸引力。这样做可以大大提高笔记被点击和转化的概率。

误区二：盲目追求平台权重

很多新手在运营小红书时，都会被平台的一些机制迷惑，比如他们可能会认为：平台的权重越高，他们的排名就一定会越靠前。于是他们开始盲目追求平台的权重，而不去考虑内容质量、用户需求。

小红书有自己的算法，它会根据你发布的笔记内容来判断你的笔记是否符合平台规则。如果我们盲目地追求平台的权重而忽略内容质量的话，就有可能会被系统强制标记为垃圾笔记，进而导致这篇笔记乃至我们的账号排名大大下降。我们可以从以下几个方面判断自己的笔记是否被标记为了垃圾笔记。

（1）**笔记内容太多太杂乱**：很多人在创作笔记时都会把内容写得特别多，但这并不意味着这篇笔记的内容质量很高。小红书的算法其实会根据这篇笔记的内容质量来判断它是否有价值。如果这篇笔记的内容质量不高，那么这篇笔记就很可能会被标记为垃圾笔记。

（2）**笔记内容没有任何价值**：一些博主在创作笔记时会选择一些比较热门的话题，然后随便发布一些内容来吸引用户点击。虽然这样做可以让笔记获得更多的阅读量，但是点赞和收藏恐怕会很少。尤其是在图文不符的情况下，即便笔记被推到了用户的首页，但也不太可能会被点开阅读。这种转化率低的笔记，极大可能会被标记为垃圾内容。

（3）**笔记中的图片质量过低**：小红书是一个以图片为主的平台，如果一个博主在发笔记时忽视了图片质量，尤其是笔记的首图不够亮眼的话，那么这篇笔记也很可能会被平台标记为垃圾笔记。

误区三：随意选择关键词

新手博主在做内容推广时经常犯的错误之一就是随意选择关键词。他们或许认为热门关键词能够快速提高排名，但这种做法往往适得其反，因为平台对关键词的选择有特定要求：必须与用户搜索习惯相匹配。

那么我们该如何正确选择关键词呢？

首先，我们要了解热门关键词和长尾关键词。热门关键词指的是当用户搜索关键词时，平台会优先推荐那些与自己账号定位相似或者相关度较高的内容，例如美妆博主可以使用“美妆”“护肤”等热门词语。长尾关键词则是指根据用户的兴趣和搜索习惯选择较长的关键词，这些关键词虽然搜索量较低，但更精准，转化率更高。

其次，我们也要避免关键词的过度使用。虽然它们能带来一定的流量，但过度使用可能会导致内容被平台标记为垃圾内容。我们应该选择合适的关键词进行组合，以确保内容的精准推广。

误区四：忽视小红书平台的笔记分发机制

小红书的笔记分发机制虽然复杂，但其本质是根据用户的阅读兴趣进行推荐。博主如果不了解这一机制，盲目发布内容，将很难获得理想的流量和曝光。

小红书平台的推荐机制是根据用户的浏览行为进行排序的。当用户在小红书平台上浏览时，系统会根据用户对该产品的喜好程度进行排序，并将其优先展示给喜爱该产品的用户。

如果我们在小红书平台上发布了与产品相关或者具有较高价值的笔记，平台就会将它优先推荐给同类笔记中阅读量最高、点赞最多、评论区最活跃、收藏和分享次数最多的用户。因此，内容互动是提高推荐率的重要因素。我们可以通过回复评论、举办互动活动（如问答、抽奖）等方式，增强用户的参与感，提高内容的曝光率。

在内容创作的世界里，专一和垂直的内容策略也一直被视为制胜法宝。尤其是在小红书这样竞争激烈的平台上，保持内容的专一性和垂直度不仅能帮助你树立清晰的个人品牌，还能吸引特定受众群体，增强用户黏性。

在小红书的运营过程中，新手博主常常会陷入以上四个误区，而避免这些误区的关键就在于：寻找差异化定位、提升内容质量、合理选择关键词、深入了解平台机制。通过精细化运营和持续优化，我们可以有效提升内容的吸引力和账号的影响力，逐步实现粉丝增长和转化率提升。

第三章

制作爆款内容，“套路”很重要

第一节

爆款内容想破头？其实都是重复公式

学习过上一章的内容，相信你已经成功建立起了自己的账号，并且已经了解平台上的一些运营规则了。在小红书这个充满活力和创造力的社交平台上，爆款笔记是每个博主都梦寐以求的。它们不仅能够带来极高的曝光度和关注度，还能显著提升账号的影响力和商业价值。

接下来，我们就来讨论一下如何在小红书上创造爆款内容。这看似是一个高难度的挑战，但实际上很多成功的博主和内容创作者都遵循了一些公式。这些公式经过无数次验证被证明行之有效，了解并掌握这些公式，任何人都可以提高创作爆款内容的成功率。

一、抓人眼球的标题

标题是吸引用户点击的第一步，小红书的推荐机制使得每篇笔记都有可能被推送到公共流量池中，其曝光度并不完全依赖账号的粉丝数量。因此，一个好的标题不仅是笔记的“门面”，更是用户快速了解内容的重要窗口。一个好的标题能够瞬间抓住用户的注意力，有时候仅仅是标题中几个字的巧妙改动，就能为笔记带来明显的流量变化。

小红书上的爆款标题通常具有以下几个共性特征。

（1）**数字和数据**：使用具体的数字和数据增强标题的吸引力，如“5个简单步骤让你的皮肤焕然一新”。

（2）**悬念和好奇心**：通过制造悬念和激发好奇心，吸引用户点击，如“你不知道的护肤小秘密竟然是这个！”

（3）**简洁明了**：标题要简洁明了，让用户一眼就能明白内容的核心，如“夏季必备护肤品推荐”。

在实际操作的过程中，我们可以先分析小红书上的爆款内容，总结出高频出现的标题形式和用词，然后在创作标题时，多写几个版本，选择最有吸引力的那个进行发布。

二、有吸引力的封面图

封面图关系到用户对内容的第一视觉印象。在小红书的海量内容中，用户往往通过浏览封面图来快速筛选感兴趣的内容，封面图的好坏会直接决定用户是否点进帖子。

那些爆款内容的封面图通常具有以下特征。

（1）**清晰度高**：封面图要清晰，色彩鲜明，避免模糊和杂乱。

（2）**主题突出**：封面图要能够直观地展示内容的核心主题，让用户一眼就能明白大概内容。

（3）**人物形象**：如果封面图涉及人物，使用高颜值或表情生动的形象会更吸引用户。

首先，我们要去找到那些爆款笔记的封面，分析其爆火的原因；其次，我们也需要学习一些简单的图片编辑技巧，以提升封面图的质量和吸引力。

三、引人入胜的内容

当用户因为被封面和标题吸引而点进你的小红书笔记时，他们就已经对内容产生了一定的期待。如果我们满足了这些期待，不仅能让用户获得良好的阅读体验，还能促使他们从普通的浏览者转变为你的忠实粉丝。

文案是内容的灵魂。一个好的文案不仅能吸引用户阅读，还能提高用户的互动率和转发率。

爆款文案通常具有以下要素。

（1）**结构清晰**：文案要有清晰的结构，包括开头、正文和结尾，层次分明。

（2）**语言生动**：使用生动的语言和富有表现力的描述，提高文案的吸引力。

（3）**互动性强**：通过提问、使用表情符号等方式增强文案的趣味性和互动性，引导用户留言和分享。

如果你的笔记是以图片分享为主，那么图片的精美程度就尤为重要；如果主题是知识输出，那么文案条理清晰即可。但对于一些内容较为复杂的笔记，单纯的文字可能会显得有些抽象，让人没有阅读下去的欲望，这时配上设计好的图片就能更好地诠释文字内容，帮助用户清楚地理解你想传递的信息。

在小红书这个平台上，笔记数量虽然众多，但真正能够脱颖而出的，往往是那些内容质量上乘的作品。这是一个"内容为王"的时代，无论封面和标题如何吸引人，如果内容空洞无物或质量低下，用户很快就会流失。高质量的内容不仅要吸引人，还要对用户有实用价值，能够解决他们的问题或满足他们的需求。同时，内容要有自己的特色和独特性，才能在众多同类内容中脱颖而出。

四、贴合的关键词

在小红书平台上，算法推荐系统会根据用户的兴趣和行为来推送内容。同时用户的搜索也会为笔记带来不小的曝光量。小红书的用户经常通过关键词搜索来查找他们感兴趣的内容。所以为了增加笔记被推荐或被搜索到的机会，我们需要在笔记的标题和正文中设置关键词和话题标签。这样既可以增加被算法推荐的概率，也可以提高笔记在搜索结果中的排名，以增加被用户搜索到的可能性。

比如我们要发布一篇推荐高性价比衣物的笔记，那么在笔记的标题里就可以包含“靠……存下 ×× 万”“吃土少女必看”“省钱原则”等；在正文中也可以添加“# 省钱”“# 极简”“# 百搭基础款”等话题标签，这样关注相关内容的用户就会浏览到这篇笔记了。

对于新手来说，如果无法判断哪些关键词适合自己，可以查看同类选题的爆款笔记，参考它们都添加了哪些关键词。没有弄清楚平台规则，也没有研究明白什么关键词被搜索的概率更大时，最高效的方法就是参考已经成功的笔记和账号，看看类似“人设”的账号最近在发布哪些内容，但是切记：不要抄袭！

五、互动和参与

很多人已经做好了前四点优化，在发布笔记后却发现数据依然平平，那可能是因为用户的停留时间太短了。对于平台而言，停留时间是一项重要的评判指标，它是笔记对用户吸引力的具象化呈现。

成功的内容不仅要做到单向的信息传递，还要能够引发用户的互动和参与。也就是说，互动量决定了发布内容的价值。在你笔记发布后的 1 ～2 个小时内，点赞、评论、收藏增长越快，就越容易被平台判定为优质笔记，从而做进一步的推荐。互动量越高，被推荐的机会也就越多，甚至还会在私信中收到官方的流量推荐提示。

因此，我们在发布笔记后，可以运用很多运营手段来提高笔记的互动率，进而提高笔记的流量与转化率。例如可以在正文中留下话题引导用户进行评论，或者自己在评论区进行新话题的征集和回复。总之，一篇笔记的成功并不仅仅局限于其封面、标题和正文，互动同样是笔记不可或缺的一部分。

在内容平台上，评论区的内容往往更能引发用户强烈的情感共鸣。用户的留言、评论、点赞或分享不仅能表达对内容的喜爱或认同，也进一步丰富了笔记的内容和价值。

通过以上几个方面的努力，你可以显著提高爆款内容的创作成功率。记住，成功的关键在于不断学习和总结，不断在实践中优化和提升自己的内容创作能力。在创作爆款内容时，结合自身定位和用户需求，灵活运用这些公式，才能在竞争激烈的小红书平台上脱颖而出，实现粉丝的爆发式增长。

第二节

选题灵感哪里来？万能工具来帮你

在创作内容的过程中，选题永远是最关键的一环。一个好的选题不仅能够吸引用户的注意力，还能够提升内容的阅读量和分享率。然而，很多人在创作初期，常常不知道从何处寻找选题灵感。对于众多创作者来说，如何持续产出新颖、有吸引力的选题成了日常创作中的一大挑战。

其实，在寻找选题灵感时，市面上有很多成熟的工具可以提供助力，帮助我们轻松获取选题思路，带来创作的灵感火花。接下来，我为大家介绍一下常见的工具。

一、营销日历

在自媒体创作的世界中，规划是至关重要的一环。由于创作存在周期，提前规划选题成了博主们日常运营的重要任务。因此，对于个人自媒体创作者来说，全面了解每个月的营销节点和大事件往往是一项挑战。因为个人创作者往往只能搜索到大众所熟知的那些热门节点，所以，为了打破这种信息差，我们可以借助一些专业做品牌营销的网站的力量，如数英、梅花网等。这些网站涵盖了多种赛道和品类的受众群体，因此会提供更加详尽和细致的营销节点信息，能为我们提供广阔的选题空间。

此外，在小红书、知乎这类平台上也有博主专门对此进行整理归纳，我们可以通过关键词搜索快速地找到它们。不过比起上面的专业网站，用户自己分享的内容质量往往参差不齐，需要仔细甄别。

在这些平台提供的信息的基础上，结合自己的定位和专长寻找交叉选题，相信你一定可以碰撞出新的灵感，避免选题“撞车”，脱离创作乏力的困境。

二、平台工具

除了这类较为固定的营销日历外，还有一个非常好用的灵感来源——小红书平台本身。作为内容集合平台，小红书官方自然也是希望能为大家提供灵感，以推出更多优质内容的。因此，我们可以从小红书平台上的这几个方向入手。

（1）小红书官方账号

当我们明确了账号的人设、定位以及细分赛道后，就可以关注与自身内容领域相关的“官方薯”账号了。如果你的内容主要围绕日常生活展开，那么就可以关注“日常薯”“生活薯”“故事薯”等官方账号。同样，如果你热衷于分享美食，那么“吃货薯”无疑是个不容错过的资源。

这些官方账号不仅会针对特定领域定期发起话题活动，而且它们的话题往往具有周期性，这就为我们提供了源源不断的选题灵感。并且，参与这些来自官方的话题活动，不仅可以使自己的内容更加符合平台的推广策略，还能获得官方的曝光和流量支持，从而增加账号内容被更多人看到的机会。

（2）官方活动和热门话题

除了关注特定的官方账号外，我们还可以进入小红书 App 的“创作中心”，点击“笔记灵感”页面。这里可以看到平台推荐的热点话题和官方活动，这也是为了确保个人创作者能够紧跟潮流，创作出与当下最热门、最新的热点相关的内容而开发的。

这些热点话题不仅时效性强，而且与平台用户的兴趣和需求紧密相关。通过参与这些话题的讨论和创作，创作者们能够更好地吸引目标受众的注意力，提高内容的曝光率和粉丝互动率。

除了小红书自带的热点追踪功能外，还有许多其他常见的热点渠道可以供大家参考。例如，微博热搜、知乎热榜、B 站热榜等都是互联网上的热门话题聚集地。通过这些渠道，我们可以了解大家最近都在关心什么、讨论什么。

我们也可以选择第三方聚合平台，如“今日热榜”。第三方聚合平台能够实时更新各大社交媒体和新闻网站的热门话题，帮助我们及时掌握各平台的热点信息，从而为自己的内容创作提供有价值的参考。

（3）善用搜索栏

小红书的搜索栏也是捕捉热门话题的重要窗口。这里汇聚了当前用户最关心、讨论度最高的话题，为内容创作者提供了丰富的素材来源。通过定期查看搜索栏的热门话题，我们可以筛选出与自己的内容领域相契合的热点，进行发散性创作。此外，我们还可以深度挖掘与热门话题相关的关键词，发现更多与话题相关的细分领域，从而创作出更具针对性和差异化的内容。

同时，我们也要注意下拉关键词。下拉关键词是用户搜索行为的直接体现，这些细分关键词往往代表了用户的实际需求和兴趣点。在挖掘下拉关键词和相关推荐时，不仅要关注关键词的搜索量和热度，还要关注关键词背后的用户需求和兴趣点。将主关键词与细分关键词进行组合，可以形成新的选题方向，增加内容的多样性和针对性。

在搜索结果页中，系统会根据用户搜索的关键词推荐相关的二级关联词。这些关联词不仅能够帮助我们更深入地了解用户意图，还能提供新的创作思路。通过分析这些关联词，我们可以发现用户对于某一话题的多种关注点和需求。

通过对关联词的分类整理和分析，我们可以形成更加细分的选题方向，并据此创作出更具针对性和差异化的内容。同时，我们还要根据用户对关联词的搜索和互动情况，及时调整创作方向，确保内容能够满足用户的实际需求。

三、第三方数据平台

除了以上两点，我们也可以利用第三方的内容数据平台，例如千瓜数据、灰豚数据、新红数据等网站，用它们筛选出选定的创作方向下互动量、评论量等数据表现优秀的笔记。同时，根据提供的热搜词、标签话题等对其进行进一步的分析，节约信息收集整合的时间，让自己更快更精准地找到创作方向。

除此之外，第三方关键词挖掘工具也能进行更全面的大数据分析。例如在长尾词工具中搜索“瘦身”关键词，就可以看到关联的关键词有“瘦身操”“减肥瘦身”“轻松瘦身”“健康瘦身”“科学瘦身”等，利用这些高频词可以帮助我们更直观地了解用户需求和市场趋势。

深度挖掘下拉关键词，再结合高频词分析，有助于发现更多有潜力的热点话题和细分关键词，为内容创作提供更多灵感和方向。

第三节

怎样写出吸引人眼球的标题?

在内容创作中，标题的重要性不言而喻。一个好的标题能在众多信息中脱颖而出，吸引用户的眼球，让他们点击进入我们发布的内容中。对于小红书这样的社交平台，写出吸引人的标题更是至关重要。

一、标题撰写的四个基本原则

（1）简洁明了

标题应该简洁明了，让人一眼就能看出内容的核心，不宜过于冗长或复杂，否则会让人失去点击的兴趣。

举例：

“5 个简单步骤教你打造完美妆容！”

“如何在 7 天内提升英语口语水平？”

（2）引起好奇

一个好的标题应该能够引发受众的好奇心，让他们产生探索内容的欲望，可以使用悬念、提问或对比等手法。

举例：

“你不知道的护肤小秘诀，第三个简直颠覆认知！”

“为什么大多数人都忽略了这一点？成功人士的秘密”

（3）直接指向受众需求

标题应该直接指向用户的需求和痛点，让他们觉得这篇内容正是自己所需要的。

举例：

“职场新人如何快速融入团队，这几点你一定要知道！”

“减肥总是失败？试试这三种科学方法吧！”

（4）使用数字和具体细节

使用数字和具体细节可以增强标题的吸引力和可信度。数字能让内容显得更加具体和有条理。

举例：

“7 个小技巧，轻松提高工作效率”

“3 种简单早餐，帮助你健康减肥”

二、五种常见的标题类型

（1）提问型标题

提问型标题能够激发读者的思考和兴趣，激励他们点击查看答案。

举例：

“为什么你总是睡不好？真相原来在这里”

“你知道这些日常用品的隐藏用途吗？”

（2）如何型标题

如何型标题直接告诉读者这篇笔记能够教会他们某项技能或解决某个

问题，具有很强的吸引力。

举例：

“如何在30天内养成早起的习惯？”

“如何用手机拍出专业级照片？”

（3）清单型标题

清单型标题会列出具体的条目或步骤，显得内容条理清晰且易于理解，特别适合教学和推荐类内容。

举例：

“10个高效学习方法，让你快速提升成绩！”

“5款性价比超高的护肤品推荐”

（4）否定型标题

否定型标题利用否定的表述制造悬念，让读者产生好奇心，激起读者对具体内容的探知欲。

举例：

“这些常见的减肥误区，你中了几个？”

“不要再这样做了，真正的护发秘籍在这里！”

（5）对比型标题

对比型标题通过对比两种情况，引起读者的兴趣和共鸣。

举例：

“成功人士与普通人的5个关键区别”

“普通跑步与间歇跑步，哪种减肥效果更好？”

三、五个标题撰写技巧

（1）使用强烈的动词

在标题中使用强烈的动词，可以增强标题的动感和吸引力。

举例：

“掌握这些技巧，能让你快速提升英语口语水平”

“这五种食物，能帮助你迅速燃烧脂肪”

（2）增强情感和感受

通过在标题中增强情感和感受，可以引起受众的共鸣，增强点击欲望。

举例：

“这些暖心小故事，让你感受人间温情”

“看完这部电影，我的心久久不能平静”

（3）使用有趣和表达意外情绪的词语

使用有趣和表达意外情绪的词语，可以让标题显得独特和新颖，从而吸引读者的注意。

举例：

“这款面膜竟然有如此神奇的效果，真是出乎意料”

“不可思议的旅行经历，让我重新认识世界”

（4）强调读者的利益

在标题中直接指出读者能够获得的好处和利益，可以增强标题的吸引力。

举例：

“如何轻松减掉 10 斤，不节食也能瘦”

“这款 App 能帮你省下 50% 的电费，赶紧试试！”

（5）结合时事热点

结合时事热点，可以让标题更加贴近读者的关注点，增加点击率。

举例：

“如何在疫情期间保持心情愉悦，这些方法你试过吗？”

“奥运冠军的训练秘籍，普通人也能轻松掌握”

了解了这些之后，我们可以将标题技巧应用到自身的实践中，在设计标题时，收集一些爆款笔记的案例，并总结规律。对这些成功的案例进行分析，我们可以发现，这些爆款笔记的标题常常采用了一些万能套路，如前面提到的提问型、如何型或清单型，这些都能够有效地吸引用户的注意力并激发他们的好奇心。

此外，紧跟时下流行话题和网络热词也是一个增加标题吸引力的好方法。我们可以发现，在一段时间内，不同的博主可能会使用相似的标题，这些标题中往往包含了当前流行的网络热词或垂直领域内的流行语。这些流行元素不仅能够让我们的笔记在众多的内容中脱颖而出，还能够迅速吸引对这些话题感兴趣的用户。

举个例子，当“公园 20 分钟效应”成为一个热门话题时，我们就可以将这个流行语融入我们的标题中，创作出如“公园 20 分钟效应是真的吗？”“从心理学的角度解读公园 20 分钟效应”等吸引人的标题。这样，我们的笔记就能够与热门话题相结合，吸引更多用户的关注和讨论。

当然，也别忘了将标题内容跟我们的人设做统一。如果你是一位时尚博主，那我们的标题就可以考虑如下几种：

“7 款夏日清爽穿搭，每天都能不重样！”

“你知道吗？这三种配色竟能让你看起来更瘦”

“如何用一件白 T 恤搭配出 10 种不同风格？”

这些标题既简洁明了，又能够引发读者的好奇心和兴趣，吸引他们点击查看具体内容。

如果你是一位健身博主，那你的标题“画风”就应该是这样的：

“每天坚持5分钟腹肌训练，一个月就能见效！”

“不去健身房也能练出马甲线，这些动作帮你轻松实现！”

“减肥路上最常见的5个误区，你踩雷了吗？”

这些标题不仅明确指出了内容的实用性和效果，还利用数字和问句增强了吸引力。

在小红书这样的社交平台上，写出吸引人的标题是获取流量和粉丝的关键之一。通过掌握标题撰写的基本原则，了解常见的标题类型，并运用具体的技巧，我们就能创作出更多吸引读者眼球的标题，以此带来更多的关注和互动。

第四节

封面主图：每一篇笔记的门面

试想一下：我们在浏览小红书的时候，最先看到的是什么？是笔记的封面主图。封面主图在小红书平台起着至关重要的作用，它不仅是笔记的门面，也决定了用户对笔记的第一印象。一张出色的封面主图，可以最大限度地吸引目标受众的注意力并引起其兴趣，激发用户继续探索我们的笔记内容，从而提高转化率，成为我们的粉丝。同时，封面主图通过图像、文字和设计元素传达信息，能够让目标受众一眼辨别是否是自己所需要的信息。

独特而有吸引力的封面主图可以促使我们在竞争激烈的笔记推荐中脱颖而出。因此说，一个好的封面是吸引用户点击、阅读内容的关键。

小红书上最常见的一类爆款笔记封面设计，就是之前（Before）与之后（After）的对比式封面图（简称 BA 图）。BA 图常用于化妆前后、减肥前后、爆改前后对比等，两者的对比一般会极具视觉冲击力，让人好奇到底发生了什么改变，进而点进笔记。

对于信息密集的笔记来说，20 字以内的标题往往并不能很好地概括笔记的重点，因此封面就起到了补充说明的作用。对笔记内容进行概括后，通过排版设计呈现在笔记封面上，能让用户在短短的几秒之内捕捉更多的信息，从而有更大的概率命中他们的需求，促使他们点进笔记。

例如，同样是测评笔记，清洗剂测评在封面上展示了更多的产品，而防晒衣测评的封面仅仅有一句文案。对比来看，前者更加直观、专业，更容易让人信任。

封面对于提升账号影响力也起到重要作用。人们天生喜欢精美的、整齐的东西，因此，风格统一、设计精良的封面能给用户留下一个好印象，提升账号的专业性和权威性。这种好印象能够在用户心中塑造积极的品牌形象，吸引更多粉丝关注和互动，进而提升账号的曝光度。如果账号主页全是统一干净的封面，不仅能让人看到博主的坚持，还能让人一看到这样的排版就立刻联想到博主本人，这对于个人 IP 的塑造也是十分有利的。

那么在制作封面主图的过程中，我们有哪些需要注意的要点呢？

首先，前期的封面可以不好看，但一定要统一风格。在小红书的笔记中，封面就是我们的内容给人的第一印象，相当于我们的“脸”，如果“脸”一直在变化，就无法给用户形成深刻的记忆点了。所以，无论我们创作出多少条笔记，核心就是两个字：统一。比如背景统一、拍摄角度统一、姿势 / 摆放统一、字体模板统一、排版统一等。

其次，主题必须突出。封面上可以放一些贴合笔记内容的主题关键字，以便用户快速了解笔记的核心内容，从而引起他们的兴趣，促使他们进一步探索。

最后，我们要强调能给用户带来什么。换个角度思考，如果我们是用户，我们必然是想要从笔记当中获取一些东西的，可以是一些生活、工作的小技巧，也可以是让人发笑的情绪价值。所以封面要传达笔记的价值主张，让用户明白他们可以从中获取什么内容。

了解了封面主图设计的三个要点之后，有些人可能还是对封面图抱有疑问：怎样才能选出一张好看的图片做封面呢？又该怎么吸引用户呢？

在这里，我给大家提供四个小技巧，告诉大家如何将图片“变废为宝”，打造出高设计感的封面主图。

技巧一：留白

大面积的留白，不仅可以突出我们要为用户介绍的产品或者重点信息，还可以让我们的封面图在众多封面中更加醒目，在增加笔记高级感的同时，提高封面的点击率。

想象一下：如果你想购买一条项链，在小红书上搜索时，你会更容易被哪张封面图吸引呢？

一个画面上的主体是项链吊坠的放大特写，纯色的背景干净无瑕，在灯光的照耀下，项链熠熠生辉，每一个细节都看得清清楚楚。

另一个画面上是多条项链的陈列对比，项链密密麻麻堆叠在一起，让人找不到重点，不知道该看哪一条。

想必你也会选择画面一吧！在这种给用户“种草”的场景下，适当的留白能显得画面更加简洁，并且突出项链的美，可以一下子抓住用户的视线。所以，根据不同的介绍信息，为图片画面适当留白，是提升笔记封面高级感的一个不可错过的技巧。

技巧二：对比

就像本节开头所说的那样，如果我们的笔记内容有一定的对比性，重点偏向诸如“改造前 / 改造后”“化妆前 / 化妆后”“减肥前 / 减肥后”这种前后的对比，那么封面图就可以采用前后对比这种设计套路，在激发用户好奇心和探索欲的同时，提高封面的点击率。

以减脂类的笔记为例，如果你只放一张显示自己好身材的自拍照或许没什么说服力，但是如果你放出运动前和现在的身材对比图，就能够激发用户强烈的好奇心，人们都会想知道：你是怎么变得这么瘦的？到底做了哪些运动？是否需要配合饮食？这样的吸引方式能够提高我们主图的点击率，并且有很大可能性将用户转化为我们的粉丝。

技巧三：程度

如果我们的笔记做的是干货合集、资料合集等内容，那么我们的封面就可以用大字号的数字、程度或者星级来进行突出表示。这样做不仅可以吸引用户的目光，也会在一定程度上引导用户进行浏览和收藏，进一步增加笔记的点击率和收藏率。

比如要写一篇关于考研专业推荐的笔记内容，我们就可以将专业按难度进行排行，并且给每个难度标注等级，按照从难到易分为“卷王之王”“超级困难”“难度一般”“相对简单”“最好上岸”几类，让用户快速了解到对自己有用的信息，进而提高笔记的浏览量。

技巧四：深色

这里的深色主要指的是滤镜颜色。深色滤镜的使用，跟留白的道理是一样的，深色会给用户极大的视觉冲击力，从而牢牢抓住用户的目光，使我们的笔记在多条笔记的陈列中脱颖而出。

打开你的小红书首页看看，是不是偏浅色的笔记封面占大多数？想象一下：如果其中出现一张画面干净的夜晚海岸图，你的目光会不会下意识地多停留几秒钟？所以灵活运用深色滤镜，会很容易地让我们的笔记脱颖而出。

在学习了图片制作的四个技巧后，这里也给大家推荐四个比较好用的作图软件，让大家轻松上手图片设计。

（1）电脑端：稿定设计、可画。这两个网站比较类似，都是模板类的设计网站。打开后在搜索栏输入“小红书封面”，就能看到很多好看的模板。我们可以从中筛选出免费模板，对模板里面的文字、图片、颜色以及贴纸进行快速更改和调整，从而更高效地提高封面图的设计感。

（2）手机端：黄油相机、醒图。黄油相机中也提供了很多模板，有韩系、日系、小清新、复古等不同风格。但是美中不足的一点是，黄油相机很多模板都是会员才可以使用的。醒图里面的图文模板也是可以替换图片、编辑文字的，并且醒图每逢节日都会推出节日氛围的模板，是追热点、做个性化设计必不可少的“神器”。

第五节

利用手机高效进行流程化创作，灵活利用 AIGC

随着短视频内容的不断发展和迭代更新，Vlog 形式的内容创作相比于传统的图文内容，更能吸引用户的注意。同时，保持一定的更新频率，如日更、周更等，是保证账号活跃度和提高内容曝光率的有效手段。在进行高难度的视频创作时，想要让自己保持较高的更新频率，手机是一个非常好的工具。

手机作为随身设备，可以随时随地进行拍摄、剪辑和发布内容。这种便捷性能够让创作者更灵活地记录生活中的点滴，不受时间和地点的限制。在信息快速更新的时代，创作者需要第一时间发布最新内容。手机创作能够快速响应热点，及时发布最新的资讯和感悟，保证内容的时效性。现代智能手机集合了高质量的摄像头、强大的处理器和各种创作 App，能够满足拍摄、剪辑、配乐、特效等多种需求，让创作者无须依赖电脑就能完成高质量的内容创作。

接下来我们就以常见的手机剪辑工具剪映为例，一起看一下如何利用工具提高创作效率。

大部分人认为，创作首先就是用手机进行内容拍摄。但是在短视频创作过程中，一个视频可能涉及多条素材或者是同一个动作的不同镜头。那么，如何将它们整理成一个有逻辑、有笑点，且能吸引观众注意力的视频呢？视频脚本的重要性不言而喻。

脚本的结构也是有规律可循的，比如我们可以用 70% 的固定结构 +30% 的可替换内容来降低我们的创作门槛。这样的脚本结构由于可复制性强，会让我们的创作过程变得更简单。比如我们要创作一个故事类的视频，脚本的撰写结构通常如下。

0 ～5s：利用猎奇的观点、问题来抓人眼球，从而打造出有吸引力的视频开头。

5 ～20s：讲述故事的起因、经过和高潮，抓住用户的心理，吸引用户观看视频。

20 ～25s：引出观点 + 总结观点。

如此，一个简单的故事脚本结构就完成了。结构完成之后，我们就要根据搭建出来的框架，往里面填细节。比如讲什么故事，在讲到不同台词的时候需要拍摄怎样的内容，拍摄时是用中景、远景还是近景等，剪映就提供了这样的脚本制作功能。

打开剪映 App，点击首页右上角向下的箭头，就能找到“创作脚本”了。按提示填写完毕后，即可根据台词和分镜进行视频拍摄。拍摄完成之后，就到了对我们所拍摄的素材进行剪辑的环节。

视频剪辑大致分为以下几个步骤。

第一步：思路分析

我们将所有的素材拍摄完成并上传之后，需要将素材从头到尾过一遍或者两遍，以熟悉素材大概的内容。之后我们需要将拍摄的素材和脚本结合起来，整理出基本的视频框架，并且在基本框架中加入我们想要给用户传递的中心思想、主题风格等创意剪辑元素。

第二步：整理素材

由于拍摄的素材数量一般会比较多，如果都堆叠在一起会不便于寻找。我们可以给它们取简单易懂的名字，并分门别类地整理好放进文件夹内。整理素材时的分类方法也有很多种，比如按照脚本结构分类、按照逻辑框架分类、按照时间分类，甚至可以按照人物动作进行分类。

第三步：粗剪

粗剪是指搭建出整个视频的结构，是视频成形的第一次尝试。粗剪完成后，至少要让首次观看的用户能够了解故事的大概走向以及基本逻辑。这就要求我们剪掉一些无用的内容，并将那些具有代表性的镜头按之前写好的脚本进行有序排列组合。

第四步：精剪

在粗剪的基础上，我们可以通过精剪来对视频进行更加细化的处理。这包括处理画面的色调、添加适合的音效及转场等。虽然粗剪已经能使观众理解我们想要表达的内容，但是精剪可以使我们的作品完成度更高。

第五步：最终审查、导出和上传

在完成所有剪辑工作后，我们应当从头到尾把视频仔细观看一遍，确保视频中没有错误或者遗漏，并且保证每一个节奏卡点都符合我们的创作意图，然后就可以导出并上传了。

了解完视频剪辑的基本流程，可能有人会觉得太过复杂。别担心！工具来帮你：打开剪映，切换到“剪同款”一栏，我们就可以根据自己的需求来选择不同的模板直接进行套用了。

除了好用的剪辑工具外，灵活利用 AIGC（Artificial Intelligence Generated Content，人工智能生成内容）也可以帮我们节约不少时间。那么什么是 AIGC 呢？ AIGC，是指利用人工智能技术生成的内容，包括文字、图片、音频和视频等。AIGC 技术的应用能够大大提高内容创作的效率和质量。

放到实际的创作场景中，AIGC 可以自动生成高质量的文章和标题。并且，AIGC 技术能够自动修复图片、添加滤镜和美化效果。通过应用智能图片处理工具，我们可以轻松获得高质量的图片素材。此外，利用 AIGC 的语音识别和合成技术，我们还能够快速生成音频内容，或者将录音转化为文字，提高文稿的输入效率。这里我们也列举一些 AIGC 相关的工具网站。

（1）文字生成工具

文心一言：百度出品，是国内较早的 AI 内容生成网站，应用范围比较广。

笔灵 AI：是专门用于写作的 AI 工具，可生成内容包括文案、工作报告、简历等，还可以进行智能文档续写。

（2）图片生成工具

WHEE：美图出品，生成的图片质量较高。

可画：专业的作图网站，可以利用 AI 技术一键生成相关海报。

（3）语音识别和合成工具

迅捷文字转语音：高效的语音识别工具，支持文字转语音、录音转文字、视频转文字、视频转音频、图片转文字等，内置百种不同的声线音色。

剪映专业版：字节跳动旗下的视频剪辑工具，其中也内置了文本转语音、AI 配音等服务，能够生成自然流畅的语音内容。

在小红书这类内容创作和分享平台上，手机高效流程化创作和灵活利用 AIGC 技术是提升内容质量和创作效率的关键。通过科学的创作流程和智能化的工具，我们可以更高效地完成内容创作，吸引更多的用户关注。

第四章

流量密码，不只是“玄学”

第一节

你最该了解的秘密：小红书的推荐机制

在这个社交媒体当红的时代，热度是每个社交媒体平台的命脉。小红书作为当下爆火的平台之一，自然也离不开热度。其实，热度的形成在很大程度上得益于平台的推荐机制。作为小红书博主，深入了解并掌握平台的推荐机制是至关重要的。小红书作为一个内容分享社区，其核心价值在于通过用户生成的内容连接消费者与商品，实现信息的有效传播和价值的精准转化。了解平台的推荐机制，不仅能帮助我们优化内容策略，还能提高内容的曝光率和互动率，进而增强个人影响力，实现商业价值的最大化。

小红书有一套相当独特和复杂的推荐机制，它是一种基于大数据和人工智能技术的推送系统。这一系统通过收集和分析用户的浏览历史、搜索记录、点赞、评论、分享等行为数据，以及用户的基本信息（如年龄、性别、地理位置等），构建每个用户的兴趣图谱。随后，系统在这个基础上，根据用户的兴趣图谱，从海量的内容库中筛选出与之匹配的内容进行推荐。同时，小红书的这一推荐系统是实时更新的，它会根据用户的最新行为和反馈不断调整推荐策略，这可以确保平台能够准时将最符合用户兴趣和需求的内容呈现给用户。

下面我们可以逐一分析这些组成部分，看看它们如何共同作用于小红书的推荐机制。

一、用户画像的构建

小红书的推荐机制基于用户画像的构建。什么是用户画像呢？其实就是根据用户的个人信息、行为数据以及社交网络等多个要素组合构建出的一个虚拟形象。这样小红书才能保证推荐的内容是最符合用户个人兴趣的。相信大家在生活中也有过类似经历：某些购物软件就像自己肚子里的蛔虫一样，能够精准地推送符合心意的商品，让大家打开软件一看，就产生购买欲——这就是用户画像的威力。

用户画像不仅可以帮助小红书进行内容推荐，还可以指导内容创作者的创作，让我们得以创作出更符合用户需求、更具有爆点的内容。例如，我们可以根据自己粉丝的用户画像中显示的年龄分布，对自己作品中的语言表述和用词风格加以修改。如果用户中中老年人居多，就创作更加扎实稳重的内容；如果年轻人居多，就可以在文案中添加网络用语或是近期较为流行的“梗”。这样一来，粉丝的阅读体验就会大大提升。

二、推荐算法的运用

小红书的推荐算法是其推荐机制的核心部分。它能通过分析用户画像和用户行为数据，为用户推荐最符合其兴趣和需求的内容。小红书采用了多种推荐算法，包括以下几种。

（1）**协同过滤**：协同过滤算法是一种基于用户或物品的相似度进行推荐的算法。在小红书平台上，协同过滤主要用于识别出与用户兴趣相似的其他用户或内容，并将其推荐给用户。例如，如果用户经常浏览和点赞关于美妆的内容，小红书就会推荐其他与美妆相关的内容给用户。

（2）**内容相似度**：内容相似度算法通过分析内容之间的相似性来进行推荐。在小红书平台上，内容相似度算法主要用于找到与用户当前浏览或喜欢的内容相似的其他内容，并将其推荐给用户。这种算法可以确保推荐的内容与用户当前的兴趣和需求高度相关。

（3）**用户行为预测**：用户行为预测算法通过分析用户的历史行为数据来预测用户未来的行为。在小红书平台上，用户行为的预测算法主要用于测算用户可能感兴趣的内容，也就是我们俗称的“猜你喜欢”。这种算法可以大大提高推荐的时效性和准确性。

（4）**社交关系利用**：小红书还会利用用户的社交关系进行推荐。例如，系统会根据用户的关注关系、好友关系等，推荐他们可能感兴趣的内容。

三、灵活运用标签系统

小红书另一大特色就是对内容进行了全面的标签化处理，其中包括用户标签、商品标签、主题标签等。

用户标签是基于用户的个人信息和行为数据生成的，用于描述用户的兴趣、偏好和特征。比如我们在使用小红书平台的时候，性别、年龄等个人信息很快就会被平台掌握，随后推送的内容就会做出相应调整。行为数据则是我们个性化的一面，例如喜欢浏览、点赞或者收藏哪些领域的信息，这一数据同样也会影响后续的内容风向。用户的点赞、评论、分享等行为反馈是系统评估内容受欢迎程度的重要指标。内容获得的正向反馈越多，系统就越倾向于将其推荐给更多的用户。

商品标签和主题标签组成了平台庞大的关键词体系，两者不仅帮助用户更好地描述和分类自己的内容，还能使其他用户通过标签分类来浏览相关内容，促进用户之间的交流和分享。

标签系统不仅方便用户对内容进行直接分类和搜索，还为推荐算法提供了重要的参考依据。小红书可以通过标签系统更准确地理解内容的主题和属性，从而为用户推荐更精准的内容。

四、人工审核的重要性

尽管小红书的推荐机制主要依赖大数据和智能算法，但实际上各大平台的审核还没有完全进入“智能时代”。由于自动化审核现存的一些瑕疵和局限性，人工审核依旧不可替代，比如对于一些较为隐晦的违禁词或是擦边内容的审核，人工审核就明显更为精确。因此小红书配备了专业的运营和编辑团队，对内容进行人工审核和筛选，以保证内容的质量和合规性。

优质的内容和良好的社区氛围是提升用户体验的关键。人工审核能够确保平台上的内容符合用户需求和兴趣，提高用户满意度。同时，人工审核在及时发现并处理违规内容方面更有优势，而且还可以通过定向地对优质内容进行挖掘和推广来提高整个平台的内容质量。

总的来说，小红书当前的推荐机制堪称行业内顶尖水平。其精准性、个性化以及社交化等特点为不同年龄的用户带来了全新且舒适的使用体验。通过强大的个性化算法，小红书将用户的兴趣和偏好尽收眼底，为用户量身打造专属的推荐内容。同时，多维度的内容标签使得推荐内容更加丰富多彩，也使得用户能够快速、高效地筛选出自己喜爱的内容。此外，小红书还注重社交化互动，用户可以通过关注、点赞、评论等方式与其他用户进行互动，分享自己的生活和购物经验，而其严格的内容质量保障机制，又确保了用户获取到的信息都是高质量的、有价值的。

作为内容创作者，了解小红书的推荐机制也有助于我们优化自身发布的内容。

首先，我们要学会利用小红书提供的用户画像数据，深入了解自己的粉丝群体，分析他们的年龄、性别、兴趣爱好和行为习惯，根据分析结果调整内容策略。

其次，我们还需要保持内容的高频率更新，增加曝光机会。多发高质量的笔记，让系统有更多的机会推荐自己的内容；同时，也要注意增加互动行为，比如鼓励粉丝点赞、评论和分享笔记。当然，博主自身也要多与其他账号进行互动，这些行为会被推荐算法捕捉，从而提高账号的活跃度和影响力。

再次，在发布内容时，我们也应该多关注小红书上的热门话题和标签，及时发布相关内容，并使用与内容高度相关的标签。这样不仅有助于平台对内容进行分类，还能增加被搜索和推荐的机会。例如，我们可以在修图教程的笔记标题中加入“修图技巧”“摄影小白”等标签，来吸引相关用户点击。

最后，我们也要重视人工审核的重要性，始终保证内容的原创性和高质量。如果遇到内容被误判，可以主动联系小红书的审核团队，提出申诉并提供相关证据。

第二节

笔记发布时间与用户群体活跃时间息息相关

“分享和发现世界的精彩”是小红书平台的社交理念，其特有的笔记系统，使用户之间的信息分享变得越来越简单高效。笔记不仅能够促进用户间的日常生活分享和心得交流，更是目前很多电商品牌和博主在平台上获取流量、提升影响力的重要方式。

然而，随着用户的不断增加，小红书平台上的竞争激烈程度也与日俱增。在这个流量变得越来越宝贵的时代，若想在小红书上获得足够的流量，除了内容质量外，还有一个非常关键的要素——发布笔记的时间点。

前文曾提到过，选择合适的笔记发布时间有利于我们在小红书上得到更多的曝光。那么，这个时间究竟为何会这么重要呢？这究竟是“玄学”还是有科学依据的技巧呢？为了回答这一问题，我们首先需要了解小红书的用户群体。

小红书的用户以年轻女性为主，她们热爱生活、追求品质、注重个人形象，对时尚、美妆、护肤、旅行等有着浓厚的兴趣。这些用户通常在工作日的白天忙于工作和学习，到了晚上和周末才有更多的时间浏览社交媒体。因此，掌握用户的活跃时段，对于选定合适的发布时机至关重要。

在工作日，小红书用户的活跃时间主要集中在晚上。具体来说，晚上7点到11点是用户最为活跃的时间段。这段时间内，用户大多都结束了忙碌的工作和学习，开始放松身心，浏览社交媒体就成了大家休闲娱乐的一种方式。因此，在工作日发布笔记时，选择晚上7点到11点这个时间段能够获得更多的曝光和流量。

周末全天都是小红书用户的活跃时段。由于周末没有工作和学习的压力，用户能有更多的时间浏览社交媒体，并主动寻找自己感兴趣的相关内容。从早上9点开始，用户的活跃度逐渐上升，到晚上10点左右会达到高峰。因此，在周末发布笔记时，可以选择早上9点到晚上10点这个时间段进行发布，以获得更多的流量。

但这个规则不是一成不变的，我们还是要结合以下三点，合理地选择适合自己的发文时间。

一、根据内容类型选择发布时间

不同类型的笔记在发布时间的选择上也是有所差别的。例如，时尚穿搭类的笔记可以选择在晚上7点到9点这个时间段发布，因为这个时间段是用户下班后的休闲时间，此时在茶余饭后，大家身心都放松下来，更有可能关注时尚穿搭类的内容。美食类的笔记则可以选择在周末的午餐和晚餐时间发布，以吸引用户的注意力。

以下是一些较为常规的笔记发放时间，可以作为参考。

7:00到9:00：适合发布碎片化内容，如新闻资讯、每日分享等，因为人们在这个时间段更加需要这些内容资讯。

12:00到14:00：此时是大多数人的午休时间。在忙碌了一个上午之后，人们在这时候会比较需要轻松娱乐的内容，如搞笑视频、趣闻逸事等。

15:00 到 18:00：这段时间，人们往往比较疲惫。在这类工作间隙时间，适合发布内容简短、轻松的笔记，带给人们放松的感觉。

22:00 到 24:00：这段时间是情绪黄金时间。人们在夜间常会进行自我反思，此时也是最容易被一些内容打动的时间段，适合发布观点深刻或与情感相关的内容。

二、结合用户活跃时间进行测试

在选择发布时间时，我们可以结合用户活跃时间进行测试。首先，我们可以选择一个时间段发布笔记，并观察其曝光量、点赞量、评论量等数据。然后，我们再尝试在另一个时间段发布同样的笔记，并对比两个时间段的数据。通过不断的测试和调整，我们可以找到最适合自己笔记的发布时间。

一般来说，小红书用户中一线城市和新一线城市的人群占比较大，接近 70%，且这些城市的用户活跃时间可能更加集中，所以大多数笔记的投放时段可以按照他们的生活特性来推敲。至于从投放到搜集数据的周期，比较建议以 4～6 天为一个周期，整体评估本次投放的效果。这有助于我们更准确地了解投放策略的有效性，并做出相应的调整。

三、关注热点话题和趋势

热点话题和趋势通常伴随着大量的讨论和关注，与这些话题相关的笔记可以引发用户的讨论和互动，增加笔记的话题讨论度，进而提升笔记的热度。

因此，在发布笔记时，我们尤为需要关注当前的热点话题和趋势。如果某个话题或趋势在小红书上非常热门，我们就可以选择在这个时间段发布相关内容的笔记，以吸引更多的用户关注和参与。同时，我们还可以通过密切关注小红书的官方账号和热门话题标签，了解当前最新的趋势和动态，以此为参考进一步优化自己的笔记。热点话题和趋势往往能够激发用户的兴趣和讨论欲望。当笔记涉及这些话题时，用户更有可能点赞、评论或分享，从而提高笔记的互动率。

通过分析用户群体活跃时间并选择合适的发布时间，我们可以在小红书上获得更多的流量和曝光。在选择发布时间时，不要忘记考虑内容类型、用户活跃时间以及热点话题和趋势等因素。同时，我们也要时刻保持灵活，既要掌握理论，还要不断地进行测试和调整，以找到最适合自己产品的笔记发布时间。

第三节

“点评赞”：增强用户黏性的有力抓手

小红书的“点评赞”机制不仅为用户提供了简洁高效的互动方式，更为平台本身带来了异常强大的用户黏性。

我们先来讲解一下什么是“用户黏性”。大家都有过捧着手机几个小时舍不得放下的经历，这其实就是“黏性”的一种外在表现，也就是俗话说的“上瘾”。社交软件的用户黏性是指用户对社交软件平台的依赖程度，这种黏性具体体现在用户对平台的持续使用意愿和忠诚度上。用户黏性越高，就越倾向于频繁、长时间地使用该社交软件，并可能形成稳定的习惯。

“点评赞”机制能够满足现代人的网络表达欲望。在小红书平台，用户可以通过这些行为来表达自己的喜好和观点，当这种表达需求得到满足或者获得了其他用户的共鸣后，用户会更有动力参与平台上的互动，从而在无形中提高用户黏性。假如我们在小红书上分享了自己的穿搭心得，并获得了大量点赞和评论，这种成就感会激励我们继续分享更多优质内容，同时也会吸引到更多的用户前来关注和互动。

小红书还会通过收集和分析用户的点赞和评论数据，为用户提供个性化的内容推荐。这种推荐能够更精确地满足用户的需求和兴趣，提高用户的满意度和黏性。并且，这种“点评赞”机制还为小红书的用户构建了一个庞大的关系网络。在这个网络中，用户可以通过点赞、评论或转发来与其他用户建立联系和互动。这种联系不仅增强了用户的社交属性，也提高了用户的黏性和忠诚度。

因此，这些“点评赞”数据的作用也就不言而喻了，主要包括以下两个方面。

一、提升内容质量

“点评赞”机制为小红书的内容质量提供了有力的保障。一方面，用户点赞和评论的行为本身就是对内容质量的认可，这种认可能够激励博主持续输出高质量的内容。另一方面，平台通过收集和分析用户的点赞和评论数据，可以更准确地判断内容的质量和价值，从而为用户提供更精准的推荐。

此外，“点评赞”机制还构建了一个非常直观的系统，可以让博主清晰地分辨出自己创作的内容是否受欢迎，毕竟点赞和评论的数量直接反映了用户对内容的喜好程度和认可度。通过分析点赞和评论数据，博主可以了解到哪些内容类型、话题或风格更受欢迎，从而调整自己的创作方向，提升内容质量。

二、促进粉丝互动

“点评赞”机制为小红书的用户互动提供了便利。由于小红书的算法是偏好热门话题的，所以及时跟进平台上的热点话题或事件，发布相关内容并积极参与评论，可以大大提高内容的可见度。

用户可以通过点赞、评论或转发，也可以与其他用户进行交流和讨论。由于优质内容本身具有很强的吸引力，并且能够引起用户的共鸣，因此用户之间的互动频率也会随之增加。一旦用户对内容有了认同感，他们就更愿意对内容的评论进行点赞，这不仅能提高评论的排名，还能间接提高内容的曝光率，进一步促进用户之间的互动。

大博主在小红书平台上拥有大量的粉丝和较高的影响力，因此很多品牌方会主动与大博主合作，让他们对相关的帖子进行评论和点赞，这样做能够迅速提高品牌的曝光率。用户与博主之间的这种良性互动不仅增强了用户的参与感和归属感，也提高了双方的活跃度和留存率。

对于创作者而言，查看个人平台数据趋势是每天的必备功课。

我们可以根据用户的点赞和评论数据来调整自己的内容方向。如果你是一位美妆博主，当你发现用户对于日常妆和皮肤护理这两个板块内容的关注度很高时，就可以在后续的笔记中加大这方面的内容输出。这种基于用户反馈的内容调整，可以让我们的内容更具有针对性和吸引力。

并且，我们还可以通过这种"点评赞"机制在小红书上建立自己的社交圈子。假如你是美妆博主，日常肯定会在美妆分区比较活跃。那么，自然就会与多位相关赛道的博主建立良好的合作关系，比如互相点赞和评论对方的内容，或在自己的笔记内容中提及对方，形成隐性推荐。长此以往，你和这几位博主之间就可以形成紧密的社交关系网络。这种关系网络不仅能够让我们在平台上获得更多的曝光和关注，也会让我们在相关领域建立起自己的影响力和IP。

总而言之，"点评赞"机制在小红书平台上扮演着至关重要的角色。这种机制不仅能够让用户参与内容的传播和互动，也为平台提供了丰富的用户反馈数据。通过对点赞数、评论内容和转发量的分析，平台能够更准确地了解用户的喜好和需求，从而为用户推荐更符合其兴趣的内容。对于创作者而言，这种机制不仅为我们的创作指引了方向，还创造了构建社交网络的机会。

第四节

小红书自带的数据分析报表到底要怎么看？

随着数字化逐渐改变我们的生活，数据分析已经成为重要的企业运营和决策工具。对于小红书这样的高人气社交平台，它不仅能够帮助内容创作者了解用户的喜好和行为，还能直接或间接地指导内容的创作和营销策略的制定。通过对数据分析报表的深入解读，我们可以了解用户的行为习惯、兴趣偏好、互动情况等信息，从而为内容的创作和营销策略的制定提供有力的支持。

具体来说，数据分析报表可以帮助我们做到以下几点。

（1）**了解用户画像**：用户画像对于了解用户群体信息具有无可替代的意义。通过分析用户的基本信息、行为数据等，我们便可以描绘出较为详细的用户画像；同时，在了解他们的年龄、性别、地域、兴趣等特征之后，我们可以更好地定位目标用户。

（2）**掌握内容趋势**：通过分析不同内容类型、话题、时间段的数据，我们可以发现内容创作的趋势和规律，从而进行有针对性的创作。

（3）**优化营销策略**：通过对用户的互动数据、转化数据进行分析，我们不难评估出不同营销策略的效果。在进行对比之后，我们便可以高效地优化投放策略，提高转化效率，让自己的账号更加受欢迎。

有些人可能之前并未接触过与数据相关的内容，以至于第一次看到的时候，不知该如何下手。实际上解读平台数据并不难，我们可以将其拆分为以下几个部分。

（1）**用户数据**：这一板块包含着用户的基本信息、活跃度、留存率等，经常用于了解用户的基本情况，这些信息也能帮助我们大致厘清常驻用户的信息与大致偏好。

（2）**内容数据**：该板块主要包括内容的阅读量、点赞量、评论量、分享量等，用于较为直观地评估内容的质量和受欢迎程度。

（3）**互动数据**：包括用户的点赞、评论、分享等互动行为，用于了解用户对内容的反应和喜好。

（4）**转化数据**：包括用户的关注、加入购物车、购买等转化行为，用于评估营销策略的效果。

（5）**趋势数据**：这些数据体现不同时间段、不同内容类型、不同话题下的数据变化，它们的用途主要是用于发现内容创作的趋势和规律，以便我们及时调整自己的创作。

了解了数据的内容都有哪些后，接下来我们一起将数据的内容进行拆解，帮助大家更好地理解和利用这些数据。

一、用户数据分析

我们可以从关注用户数据出发，以此来了解用户的基本情况。我们可以基于大量用户数据分析，预测市场趋势和变化，为合作的平台、品牌或商家的战略规划和决策提供数据支持。例如，通过分析用户的性别、年龄、地域等基本信息，我们可以发现目标用户主要集中在哪些群体，从而更有针对性地进行内容的创作和营销策略的制定。

同时，我们还需要关注用户的活跃度和留存率。活跃度反映了用户对我们账号的黏性和参与度，留存率则反映了用户对我们账号的忠诚度和满意度。通过分析这两个指标，我们可以了解用户对自身账号的整体态度和使用情况，从而及时调整内容及运营策略。

二、内容数据分析

内容数据是评估内容质量以及该内容是否受欢迎的重要指标，如果对自己发布的作品不甚肯定，不妨首先查询这一板块。内容数据分析提供了对内容质量的直观评估。通过分析文章的阅读量、点赞数、评论数等指标，我们可以迅速得知自己作品中的哪些内容受到了用户的欢迎和喜爱。从它体现出来的内容当中，我们可以尽快明确内容创作的方向和策略。

通过观察以上数据在不同时间段、不同内容类型、不同话题下的变化，我们自然就会明白何种内容类型、话题会更受用户欢迎，同时也能够学会在合适的时间段发布我们的创作内容。同时，我们还可以结合用户画像和互动数据，深入了解用户的喜好和需求，为内容创作提供更多有价值的参考。

三、互动数据分析

互动数据反映了用户对内容的反应和喜好。我们需要关注用户的点赞、评论、分享等互动行为，以及这些行为在不同内容、不同用户群体中的差异。

通过分析互动数据，我们可以了解用户对内容的喜好程度和参与意愿。

互动数据分析有助于小红书优化内容策略。通过分析用户与不同类型、不同主题的内容的互动情况，可以发现用户对不同内容的偏好和兴趣点。如果我们看到某个内容的互动数据表现良好，说明该内容受到了用户的喜爱和认可；反之，如果互动数据表现不佳，我们就必须考虑调整内容策略或优化内容质量。

四、转化数据分析

转化数据是评估营销效果的关键指标。如果想要深入了解用户的关注、加购物车、购买等转化行为，以及这些行为在不同营销策略下的表现，那就必须将目光投向转化数据分析，这也是决定我们能否利用小红书实现变现的重要因素之一。

通过分析转化数据，我们可以评估不同营销策略的效果，从而优化投放策略，提高转化效率。例如，我们可以发现哪些关键词、图片或视频更容易吸引用户关注或购买，哪些时间段或平台的用户更容易被转化等。

五、趋势数据分析

趋势数据可以帮助我们发现内容创作的趋势和规律。我们需要关注不同变量之下的数据变化，以及这些变化与用户行为、市场需求等因素的关系，借此调整自己的创作风格。趋势数据分析还能够指导小红书及时调整内容推荐策略，满足用户不断变化的需求，同时优化广告投放时机，提升营销效果，最终实现用户黏性的增强和业务效益的最大化。

通过分析趋势数据，我们还可以预测未来的内容创作方向和热点话题，从而提前做好准备，及时调整策略。同时，我们还可以结合用户画像和互动数据，深入挖掘用户的兴趣和需求变化，为内容创作提供更多有价值的灵感和思路。

通过对小红书数据分析报表的深入解读和利用，我们可以更好地了解用户的行为和需求，优化内容创作和营销策略的制定。结合具体情况灵活运用数据分析工具和方法，不断探索符合自身业务特点的数据分析模式，才能最大化地利用数据分析报表。同时，我们还需要保持对数据变化的敏感度和洞察力，及时调整策略以适应市场和用户需求的变化。

第五章

小红书的社群运营及用户互动技巧

第一节

小红书的社群运营与微信有哪些不同？

可能有些人会觉得“社群运营”这个词有点陌生，但其实它早已渗入我们生活的方方面面。打开微信看看，谁没有几个“× × 宠粉群”“× × 官方会员群”呢？

社群运营，其实就是指品牌或个人通过创建和管理一个特定的用户群体，定期发布相关内容、组织活动，促进成员之间的互动和交流，最终达到增强用户黏性和实现商业目标的过程。其核心目的是通过促进成员之间的互动和交流，增强群体凝聚力，确保成员之间有共同目标，从而培养出群体意识和群体规范；同时，实现特定的商业或非商业目标，如品牌建设、用户黏性提升、产品推广、客户服务或知识共享等。

在现代社会的数字营销中，社群运营已经成为品牌与用户建立深度连接的重要手段。社群运营不仅仅是将用户聚集在一起，更重要的是通过互动和交流，提升用户的参与感和忠诚度，从而实现品牌价值的最大化。提起社群，大家一般第一时间都会想到微信群，实际上，虽然它是目前最常见的社群运营工具，但小红书作为一个以内容为核心的平台，其开展社群运营也有着独特的优势。

那么，利用小红书开展社群运营与微信有哪些不同呢？我们可以从以下几个方面来看。

一、平台特性

小红书作为一个集社交、分享、购物于一体的平台，具有强大的社交属性和购物导向性。用户在这里不仅可以分享生活点滴，还可以直接购买心仪的商品。

微信作为一个综合性的社交媒体平台，更多地体现了其媒体属性和社交属性，用户之间的交流和互动更多地集中在个人生活和社交层面，而非直接的购物行为。相对而言，微信是大家几乎每天都要使用的 App，因此它的打开率或者说信息的传播效率会远远高于小红书。

二、用户群体

小红书用户以年轻、时尚、有消费能力的群体为主，他们对美妆、时尚、生活等领域有浓厚的兴趣，并愿意为此消费。这使得小红书的社群更容易吸引到一些对品牌或产品真正感兴趣的用户，形成高质量的互动和交流。

微信用户群体更加广泛，覆盖了各个年龄段和社会阶层，用户之间的兴趣和需求也更为多样化。因此，利用微信开展社群运营需要更加灵活多变，以满足不同用户的需求和兴趣。

三、内容定位

小红书内容以美妆、时尚、生活等为主，注重高质量的内容输出和用户体验。用户在这里可以获取到最新的时尚资讯、购物攻略、产品评测等信息。这种内容定位使得小红书的社群运营更加聚焦和专业，能够为用户提供更有价值的信息和服务。

微信内容则更加多样化，包括个人动态、新闻资讯、公众号文章等，涵盖了各个领域的话题和信息。因此，微信的社群运营在内容创作上需要更加多元化，以满足不同用户的需求。

四、营销策略

在小红书上，我们可以通过开设个人店铺、直播带货、社群运营等方式进行营销。小红书的社群运营注重用户体验和口碑传播，可以通过社群成员之间的互动和交流建立良好的用户口碑和忠诚度。同时，小红书也提供了多种付费渠道和广告形式，帮助我们实现精准营销和品牌推广。

微信运营人员可以通过建立微信群组、开设公众号等方式进行社群营销。微信社群营销的特点是用户黏性高、营销效果好，运营人员可以通过微信群组直接向用户推送商品和服务信息，从而提高用户的购买意愿。同时，微信也提供了多种广告形式和营销工具，帮助我们实现品牌推广和产品销售。

五、私域流量运营

小红书在私域流量运营方面，通过更新私信通等功能，对用户的导流行为进行了严格的规范和管理。如果我们需要在平台上投放广告或者引流到其他个人平台，需要消耗一定的金钱才能获得更多的客户资料，否则可能会面临限流或封号。这对于新手来说是一个挑战，需要更谨慎地考虑广告费用的问题。

微信社群营销在私域流量运营方面相对更加自由灵活，运营人员可以通过多种方式建立与用户的联系和互动，实现客户引流和转化。例如，商家可以通过微信群、公众号、朋友圈等多种渠道直接与用户进行互动和沟通，从而提升用户的黏性和转化率。

综上所述，小红书的社群运营与微信还是存在着显著不同的，这些差异使得两个平台在社群运营方面有着不同的优势和特点。小红书的社群运营在用户群体、内容质量、社交属性、种草效应、情景营销以及合作和商业化运营等方面具有显著优势。利用好小红书的平台特性和优势，我们才能更好地实现社群运营的目标，提升用户的参与感和忠诚度。

因此，我们在小红书上进行社群运营时，一个全面而细致的策略规划就显得至关重要了。以下几点是制定策略时必须深入考虑和精确执行的关键要素。

一、建立小红书社群并进行基础设置

想要建立小红书社群，首先我们要清晰界定社群的核心主题和目标用户群体，确保所有内容创作、互动策略均紧密围绕这一中心，吸引并留住对口的受众。在建立初期，我们要设立明确的社群规则，引导用户文明互动，维护社群的良好氛围。对于负面评论或违规行为，应及时妥善处理。同时，对于高阅读量的笔记，我们也可以设置群关联，这样可以大大提升群内的用户数量。建群的操作并不复杂，只需要在消息页面的右上角点击“发现群聊”，然后点击“创建群聊”，即可创建一个属于自己的小红书社群。

我们可以通过设置群公告来维护群内的秩序，这点跟微信群没什么太大的区别。群关联则需要我们时刻注意维护，将自己热度较高的笔记跟社群关联起来，这样用户在刷到高赞笔记时，就可以通过下方的按钮直接进群了。

二、高质量内容创作及群内互动

内容永远是小红书平台的核心。我们需要不断产出高质量、富有创意、贴合平台调性的图文或视频。同时，紧跟热点趋势，适时加入新鲜元素，提高用户黏性。在笔记发布完成后，我们要积极地回应用户的评论和私信，将他们引流至自己的社群；同时也可以转发笔记到群内，组织一些互动性强的活动，如问答、投票、挑战赛等，以增强群内用户的参与感。

三、数据分析及合规

我们可以运用平台提供的数据分析工具，持续监控内容表现、用户行为等关键指标，据此来优化内容策略、发布时间及互动方式，实现高效运营。同时，也要严格遵守小红书的社区规则和广告政策，确保所有营销活动合法、透明，维护品牌形象，避免因违规操作导致账号出现异常风险。

通过遵循以上要点，我们就可以有效地进行小红书社群运营了。运营小红书社群需要细心规划、灵活应变和重视用户体验，通过持续提供价值和深化用户互动，逐步建立起有影响力的品牌社群。与此同时，互联网环境日新月异，小红书平台也不例外，我们必须持续关注行业动态，学习最新的运营技巧，灵活调整策略，以适应平台和市场形势的变化。

第二节

社群建设：打造忠实粉丝社群的方法和策略

正如前文所说，社群建设是建立品牌忠诚度和提高用户黏性的重要策略。一个成功的社群不仅可以增强用户之间的互动，还能够促进产品或内容的传播，为品牌或个人带来持续的流量和转化。然而社群虽好，建设起来却不容易，需要综合考虑多方面因素。下面是一些方法和策略，用来指导我们如何有效地构建并维护一个粉丝社群。

一、明确社群的定位和目标

在建立社群之前，我们首先要明确社群的定位和目标，以确保社群内容能够吸引并满足目标用户的需求。可以从以下三个方面进行考虑。

（1）**目标用户**：确定社群主要面向的用户群体，比如美妆爱好者、旅游达人、健身狂热者等。

（2）**社群主题**：明确社群的主要讨论内容和方向，确保与品牌定位及用户兴趣一致。

（3）**运营目标**：设定社群的运营目标，比如提高用户活跃度、增加品牌忠诚度、促进产品销售等。

了解目标用户的特征和需求是成功运营社群的关键。通过数据分析和用户调研，我们可以精准绘制用户画像，从而了解他们的兴趣爱好、消费习惯和互动偏好，制定更有针对性的社群内容和活动策略。

二、提供有价值的内容

内容是社群运营的核心。高质量、有价值的内容不仅能吸引用户加入社群，还能提高用户的活跃度和参与度。我们要确保社群内容的卓越性、专业性与吸引力，旨在触动用户的兴趣点并引发共鸣。维持内容的定期更新与丰富多样可以全方位覆盖用户的多元化需求。比如，我们可以定期发布原创内容，如专业评测、使用心得、经验分享等，来增加用户对我们的信任感；也可以鼓励社群成员分享他们的使用体验和心得，通过 UGC 丰富社群内容，增加用户互动；还可以设计一些互动性强的内容，如投票、问答、挑战赛等，激发用户参与社群活动的热情。

小米、特斯拉、比亚迪等品牌的官方账号粉丝都已相继突破 20 万，它们的社群运营手段非常值得我们参考。

小米利用小红书的社区特性，发布与用户生活紧密相关的内容，如摄影、生活方式等，通过高质量的图文和视频内容展现小米产品的实际应用场景，提升用户的代入感和购买欲望。例如，与小红书联手推出“人间影像馆”“平凡摄影”等活动，鼓励用户使用小米手机拍摄并分享生活瞬间，借助 UGC 扩大品牌影响力。

特斯拉则通过对工厂、汽车的宣传，强化品牌的高科技形象，吸引对创新技术感兴趣的用户群体，同时也会间接讨论其定价策略，如对比

Model 3 和 Model Y 的性价比，通过内容营销让用户了解其产品的成本效益和技术优势。

比亚迪则通过发布多样化的笔记和视频内容，如产品亮点介绍、用户评测、生活方式搭配等，来增加用户互动和分享。同时，鼓励用户发布内容，如分享购车心得、用车体验等，以此营造社群氛围，增强用户黏性。

因此，内容创作的核心在于传递价值、激发兴趣、引发情感共鸣，同时鲜明地展现你的品牌价值观和社会立场，从而吸引那些理念相投的个体，并将其转化为品牌的拥趸。

三、互动性强的社群运营

想要构建高效的互动体系，关键在于部署活跃管理者或 KOL 引领话题讨论，以及设置固定环节，如固定在每周日晚 8 点开展问答活动，从而有力地提高社群内的沟通频次；也可以定期策划妙趣横生的互动项目，诸如投票选举、有奖竞猜、创意线上挑战等，这些都能大幅度提升成员的参与热情和社群认同感；还可以融入权威导师与行业领军人物的力量，为社群成员提供专业指导与解答，以此强化用户对社群的信任根基；更可以借助意见领袖对社群内疑问与反馈的迅速响应，提供卓越的客户服务体验，树立良好口碑。

携手业界意见领袖，不仅能显著提升社群的知名度，更能依托其广泛的影响力吸引新粉丝群体的加入。

以小米创始人雷军为例，他也亲自入驻了小红书，通过 KOL 身份与用户直接互动，宣传新产品如小米汽车等，以此增强品牌的亲和力和信任感，吸引媒体和用户的关注。社交媒体平台对用户的广泛覆盖，可以加大品牌的宣传力度，提升品牌的可见度与影响力。

同时，通过精心策划的社群活动与高质量的内容分享，深度展现品牌或个人的魅力与核心价值观，可以加深用户的认同感与信任感。为了深化社群互动与价值创造，线上互动与线下活动相结合是至关重要的策略。线上活动可以不仅局限于我们和粉丝间的日常互动，还可以与其他博主联动，策划一些高质量的活动，为成员提供更多学习与交流的机会。如果有条件的话，我们还可以穿插组织线下聚会，如季度性社群见面会、专业沙龙或深度研讨会，这些面对面的互动体验能极大增进成员间的亲密感与社群忠诚度。

并且，我们要重视每一位用户的反馈，确保留言与评论能够得到及时且用心的回应，营造一个鼓励自由表达与思想碰撞的开放环境，从而进一步激励用户主动创作内容与分享个人经历。通过启动话题探讨、征集真实用户故事等策略，不仅能够促使更高层次的用户参与，也可以增强成员对社群的依附感。最后，我们还可以尝试引入用户激励体系，这种会员体系非常常见。

小红书就设计了一套以“小红薯”为形象的等级系统，共有十个等级，从“尿布薯”开始，逐渐升级到“金冠薯”。每个等级都有对应的图标和特权，随着在平台上的活跃度和贡献值增加，用户可以升级并享受更多权益，如更多的内容曝光机会、专属标识等。另外还有其他方式，如积分累积、会员等级晋升、专属折扣等，可以作为对粉丝活跃互动与内容分享的正面回馈，进一步点燃社群内部的活力与创造力。无论是线上还是线下的聚会、问答比赛、互动投票，都是巩固与粉丝关系、提升社群凝聚力的强有力手段，以确保每一次交流都能成为加深情感的契机。

通过以上方法和策略的综合运用，相信我们可以有效地构建并维护忠实的粉丝社群，提高用户的参与度和忠诚度，为账号的长期发展提供有力支持。

第三节

用户互动：提高用户参与度的技巧和方法

在内容营销和社交媒体运营中，用户互动一直被视为成功的关键。特别是在像小红书这样的内容社区平台上，用户互动不仅仅是点赞和评论，还包括收藏、分享、私信交流等多种形式。这种互动对于提升内容影响力、增强粉丝黏性和实现营销目标起到关键作用。

用户互动是内容传播的重要推动力。当用户在小红书上看到感兴趣的内容，并进行了点赞、评论或分享等互动行为时，这些内容就会被更多的人看到，进而扩大传播范围。这种基于用户兴趣的自然传播方式，能够有效提高内容的曝光率和传播效果。通过互动，用户会对内容和博主产生情感依赖，从而增加留存率，增强用户黏性。同时，直接获取用户的真实反馈，有助于优化自己的内容和产品。

用户互动的最终目的是促进商业转化。当用户对某篇内容或某个产品产生了兴趣，并通过互动行为深入了解后，他们就更有可能产生购买行为。小红书通过提供购物链接、优惠券等功能，将用户互动与商业转化紧密结合在一起，实现了从内容输出到购买变现的商业闭环。因此，在小红书这样的社交电商平台上，用户互动具有举足轻重的地位。用户互动不仅影响着内容的传播效果，还直接关系到账号的认知广度、用户黏性以及最终的商业转化。

那么，我们该如何提高用户参与度呢？主要可以从以下几个方面入手。

一、内容策略

我们要明确目标受众，了解你的潜在顾客是谁，他们有哪些共同的特征和兴趣点。这有助于制作出更符合受众需求和兴趣的内容。高质量的内容是吸引用户、增加互动的基础。我们要确保内容与目标受众的日常生活紧密相关，无论是美妆、时尚、健康还是生活方式等领域的内容，都应该以能引起用户的共鸣和兴趣为前提来做策划。

同时，我们也要不断提高内容质量，包括文字的准确性、图片和视频的清晰度以及整体的美观程度。在创作时，更要注重原创性、实用性及趣味性，为用户提供独特的见解和原创内容，避免内容同质化；多分享满足用户实际需求的技巧、经验和建议；形式可以多种多样，有趣的故事、幽默的语言和创意的形式，都可以增强内容的吸引力。分享一个很好用的小技巧：我们可以创建系列化的内容，让用户期待下一篇内容的发布。

例如，最近很火的竖屏系列短剧会在视频的一开头就呈现并强调系列标题，比如“重生之我在皇宫当太监 20”。这样用户自然就会好奇前面的 19 集讲了什么，能显著地提高笔记阅读量，同时也会出现大批在下方评论区“催更”的用户，这样本篇内容的互动量自然也就上去了。

二、互动策略

如果内容涉及营销，我们应在内容中自然地融入产品介绍，避免生硬的广告推销，让产品以一种有创意的方式呈现，增强用户对产品的兴趣。同时，及时回复用户的评论和私信，以建立起一种积极的互动氛围，让用户感受到被重视和被关注。除了基本的回复评论外，我们还可以参与用户讨论，甚至根据用户的反馈调整内容策略。在回复评论时，可以反问用户一些问题，引导他们继续互动。对一些互动积极的用户，我们还可以通过私信进一步交流，以增强用户的归属感。

我们还可以利用小红书内置的一些功能，比如关键词、标签等。合理使用关键词和标签，有助于提高内容的曝光率，能让更多潜在用户发现你的内容。精准设置标题和关键词，能够提高内容在搜索结果中的排名，增加曝光机会。

积极参与热门话题也是很有必要的，这也就是我们常说的“蹭热点”。我们需要紧跟热门话题与趋势，并结合自身特点进行内容创作，这样才能吸引更多对相关话题感兴趣的用户。我们也可以通过对后台数据的分析，了解粉丝的兴趣、偏好和习惯，为内容创作和营销策略提供数据支持。我们还可以不断尝试新的互动形式，如短视频、直播、互动游戏等，以增加用户的新鲜感。

三、合作与联动

通过与其他博主或品牌方的合作，可以扩大用户群体，增加互动机会。比如与其他博主或品牌方进行联动合作，通过他们的推荐和分享，吸引更多目标用户关注我们的内容。

这种合作联动的案例近年来层出不穷，在美妆赛道尤为常见。我们经常能刷到一些美妆博主与明星化妆师联动发布的合作视频。通过这样的联动，双方都能获得一定的收益，美妆博主无疑收获了粉丝和流量；与此同时，在普通人眼里知名度不足的明星化妆师也能成功“出圈”，相关的美妆品牌也因此销量倍增。

总之，提高用户参与度是内容营销和社群运营的核心任务，通过以上方法，我们可以更有效地吸引和留住用户，提升用户的参与度，增强用户的黏性和忠诚度，为我们账号的长期发展奠定坚实基础。

第四节

活动策划：设计吸引眼球的用户活动和互动形式

活动策划在社交媒体营销中占据着举足轻重的地位。一个精心设计的活动可以迅速引爆话题，吸引大量用户参与，提升账号的知名度和美誉度。在小红书这样一个以内容和社区为核心的平台，活动策划的重要性尤为突出，一场成功的活动可以极大地提高用户的参与度和品牌的曝光率。其作用不只局限于提高活动的成功率和影响力，还涉及参与者的体验、资源的有效利用以及品牌或组织的长期发展。

小红书作为一个集合了生活方式、时尚、美妆、旅行等多个领域内容的社交媒体平台，经常会举办各类节日主题活动来吸引用户参与和互动。小红书在选择节日主题活动时，通常会结合节日特点、用户需求和品牌调性进行策划，也会根据节日特性策划相应的主题活动。这些活动不仅增强了用户体验，还增加了平台的活跃度和商业合作机会。作为博主，我们也可以尝试参与其中，为自己赚取流量。

小红书平台的常见活动有以下五种。

一、电商特别活动

同其他电商平台的大促活动一样，小红书会在每年的“618”“双 11”等特殊日期推出购物狂欢节，提供各种优惠券、打折商品和独家好物，吸引用户参与购物并分享购物心得。我们也可以在这种特殊的节点，结合自己的账号内容举办活动。

二、传统节日活动

针对中国传统节日，如端午节、中秋节等，平台和商家一般也会推出相应的人气活动合集，鼓励用户分享节日习俗、美食制作、家乡风情等内容，以增进用户间的情感连接和文化交流。例如春节期间，小红书会推出春节主题的优惠活动，包括抽盲盒、集娃娃、分红包等互动游戏，以及各种春节特色商品促销，以营造浓厚的节日氛围。

三、特定群体活动

例如“女神节”活动。这种活动往往是针对女性用户的，一般可以策划一些室内团建、福利赠送等活动，旨在庆祝女性节日，并提升女性在平台上的参与感和归属感。

四、商业合作活动

和前面说的合作与联动类似，不过平台官方的活动基本都以各大品牌的联名居多，比如以下几个例子。

“狂热‘路亚’！小红书百万竞钓赛”是一个结合了户外运动与社交互动的大型竞赛活动，不仅设置了高额奖金和豪华汽车作为奖品，还邀请明星前来助阵。通过区域预选赛、邀请赛等形式，吸引了大量钓鱼爱好者参与，同时也提升了路亚这项运动的公众关注度。

本次江浙沪区域邀请赛由ARK品牌独家赞助，此次与小红书合力举办的路亚赛事，将进一步推动路亚运动的发展，增强路亚爱好者的参与度和专业性。

此外，线上线下的联动活动也很常见，此类活动旨在通过独特的线上线下相结合的方式，为用户提供丰富的购物和社交体验。

“小红书线上夏日市集”以云逛市集的形式开展，模拟了线下市集的氛围，通过赶个时髦、复古跳蚤、夏日农夫等主题街区，构建了一个充满个性和创造力的线上交易市集。市集中汇聚了众多品牌和艺术家，提供了丰富多样的商品和服务，用户可以在线上浏览和购买心仪的商品。

小红书通过“市集摆摊”等热门话题，吸引了大量用户的关注和参与。相关笔记的增量达到了229.22%，用户关注度显著上升。用户参与度高的领域主要包括时尚、美食、美妆、家居家装等。这些领域的博主和产品也通过市集活动获得了更多的曝光和机会。

2024年春节期间小红书举办了免费送奶茶活动，参与方有茶百道、CoCo都可、柠季、益禾堂、Tims天好咖啡、沪上阿姨、7分甜等品牌。在春节期间，用户在小红书搜索“送你一杯春节慢乐”，即可在活动期间到指定商家处打卡领取免费奶茶。

平台举办这种参与度较高的活动时，我们也可以发布一些相关的参与内容以吸引感兴趣的用户关注，同时也可以“借东风”，做类似的福利加码活动。比如刚才提到的春节期间的打卡送奶茶活动，肯定有大量的用户错过了时间无法领取，那么我们就可以做一个关注送奶茶的活动，来吸引用户参与。

五、互动式竞赛

小红书平台上的互动式竞赛也是一种促进用户参与和内容创作的有力方式。它结合了社区互动、UGC和竞赛激励机制，为用户提供了展示创意、赢取奖励的机会。

在2022年卡塔尔世界杯期间，小红书结合这场全球性的体育盛事推出了竞猜游戏。用户可以通过小红书App参与竞猜，猜中即可获得丰厚的红包奖励。

参与方式也很简单。用户通过小红书App搜索“世界杯”，进入讨论界面后，点击“讨论广场”或向左滑动找到“去竞猜”的入口，就可以参与每场比赛的胜负预测了。这种活动互动性强，参与门槛低，并且奖励也较为丰厚，全部答对的用户可以获得红包，具体金额根据参与人数和答对人数而定，获得红包后还可以直接提现。

小红书的世界杯竞猜活动为用户提供了一个展示自己足球知识和参与热情的平台，同时也为球迷们提供了一个交流互动的空间。通过参与竞猜活动，用户不仅可以获得丰厚的奖励，还可以与其他球迷一起享受足球带来的乐趣。我们也可以考虑类似的活动形式，利用小红书笔记内置的投票功能，轻松完成类似的活动。

了解了小红书平台上常见的活动形式，我们就可以开始着手策划自己的账号活动了。在设计活动时，要确保活动内容与社群主题紧密相关，并充分考虑目标用户群体的需求和兴趣。同时，我们还要充分利用社交媒体等渠道进行活动宣传和推广，吸引更多用户参与进来。不断创新和改进活动形式和内容，才能持续提高用户的参与度和兴趣，增强社群的凝聚力和活跃度。

一场活动的策划大致可以分为以下几个步骤。

一、确定活动目标

在策划活动之前，我们需要先明确活动的目标。活动目标可以是多种多样的，比如提升账号知名度、增加粉丝数量、提高产品销量、获取用户反馈等。明确目标有助于制定相应的活动策略、评估活动效果。

二、确定目标受众

在策划活动时，明确目标受众是至关重要的。了解目标受众的兴趣、需求和行为习惯，有助于设计出更具吸引力的活动形式和内容。我们可以通过数据分析和用户调研，描绘目标用户画像，了解他们的兴趣和需求。同时，也要了解目标用户的行为习惯，如活跃时间、常用功能、互动偏好等，以此来制定相应的活动策略。最后，我们需要结合目标用户的兴趣点设计活动主题和内容，以吸引他们的关注和参与。

三、设计活动形式

根据活动目标和目标受众选择合适的活动形式是活动策划的关键。不同的活动形式适用于不同的场景和目标受众，以下是一些常见的活动形式。

（1）**抽奖活动**：通过抽奖吸引用户参与，增加互动和关注。

（2）**挑战赛**：设计有趣的挑战任务，邀请用户参与，增强互动性和趣味性。

（3）**问答活动**：通过问答形式与用户互动，增强用户的参与感和黏性。

（4）**创意征集**：邀请用户提交创意作品，如短视频、照片、文章等，提高用户的创作积极性。

（5）**限时优惠**：通过限时优惠吸引用户购买，增加产品销量和用户黏性。

四、设计活动规则

接下来，就是要设计活动的规则细节了。明确的活动规则是保证活动顺利进行和公平公正的基础。在设计活动规则时，需要考虑以下几点。

（1）**参与条件**：明确参与活动的条件，如关注账号、点赞、评论、转发等。

（2）**活动时间**：明确活动的起止时间，确保用户在规定时间内参与。

（3）**奖品设置**：设置吸引用户的奖品，明确奖品数量和发放方式。

（4）**评选标准**：明确评选标准和评选流程，确保活动的公平公正。

（5）**注意事项**：列出活动的注意事项和免责条款，确保活动顺利进行。

五、活动宣传和推广

一场活动的成功离不开有效的宣传和推广。通过多种渠道和方式进行宣传，可以吸引更多用户参与活动。这包括通过小红书的内容发布、置顶笔记、热门话题等方式进行宣传，也包括通过其他社交媒体平台进行推广，如微博、抖音、微信等，以此来扩大活动的影响力。

此外，我们也可以邀请其他博主参与活动宣传，利用他们的影响力吸引更多用户参与；还可以在小红书平台上进行广告投放，以提高活动的曝光率和参与度。

六、实施活动并监控效果

活动开始后，需要实时监控活动效果，以确保活动顺利进行。通过数据分析和用户反馈，及时调整活动策略和内容，提高活动效果。需要注意的内容包括实时监控活动的参与情况、互动数据、用户反馈等，以评估活动效果。同时，我们还要收集用户对活动的反馈，了解用户在参与感、体验感和其他方面的建议，从而优化后续的活动内容和规则。此外，还需要及时处理活动中出现的各种问题，如用户投诉、技术故障等。

在小红书平台上，设计吸引眼球的用户活动和互动形式，是提高用户参与度和品牌曝光率的重要手段。通过以上步骤，相信我们可以策划出一场成功的用户活动，增强用户的参与感和黏性，为我们的长期发展奠定坚实基础。

第六章

多元化变现技巧，助力你建立小红书商业帝国

第一节

小红书的三大变现路径，你知道几个？

了解了如何在小红书上起号、发布内容，以及如何利用“流量密码”和运营手段提升用户黏性，我们接下来就可以开始考虑变现了。在小红书这样一个充满机遇的平台上，我相信许多创作者都希望通过分享自己的生活方式、经验和技能，获得经济收益。

变现的路径多种多样，针对不同类型的创作者和内容特点，我们可以采取不同的策略来使自己的收益最大化。接下来我们就一起详细了解一下小红书上的三大变现路径，以帮助大家更好地选择适合自己的方式。

一、品牌合作与广告

品牌合作与广告是小红书上最常见且最主要的变现路径之一。我们可以通过与品牌合作，利用自己的影响力和内容创作能力，帮助品牌推广产品和服务，从而获得报酬。合作的形式也多种多样，包括以下几种。

（1）软文广告：即博主通过撰写软文，将品牌和产品自然地融入自己的内容中。这种形式的广告不易引起用户反感，因为它通常以分享使用体验、推荐产品的方式呈现。例如，一位美妆博主可以在分享护肤心得的图文中，顺便推荐一下某个品牌的护肤品。

（2）**视频植入**：在创作的视频内容中，加入品牌的产品展示和使用过程展示。视频广告通常比文字广告更具有视觉冲击力，可以更直观地展示产品的功能和效果。例如，一位健身博主可以在健身视频中展示和使用某个品牌的健身器材。

（3）**品牌活动合作**：参加品牌举办的活动，进行活动报道和宣传。博主可以通过参与品牌的线下活动、发布与活动相关的内容来获得报酬。这种形式不仅可以增加账号的曝光度，还可以增强与品牌的深度合作。

那么我们该如何获得与品牌的合作机会呢？

首先，加强自身“硬实力”。品牌通常会选择那些拥有较大影响力和活跃粉丝群体的博主进行合作，所以我们要努力增加粉丝数量和互动率，提升自己的影响力和话语权。同时，通过高质量的内容展示自己的专业性和可信度，让品牌看到我们的价值。比如我们可以通过发布专业的评测、教程等内容，来吸引品牌的关注。

其次，可以灵活利用平台上的工具。小红书的蒲公英平台为博主和品牌搭建了一个高效的合作桥梁，使变现过程更加顺畅和高效。我们可以通过蒲公英平台，接到品牌方的广告合作邀请，并通过内容创作实现收益；品牌方则可以通过平台找到合适的博主进行推广，以此来提高品牌的曝光度和销量。蒲公英平台的出现，不仅简化了广告合作流程，还提升了广告合作的透明度和效率。

在这个平台上，合作过程都是透明公开的，博主和品牌双方都可以清楚地了解合作内容、费用和效果。平台为合作双方提供了安全保障，确保合作过程的顺利进行和收益的及时发放。同时，蒲公英平台还提供了多种合作形式，包括图文推广、视频推广、直播带货等，可以满足不同品牌的需求。博主申请开通后，就可以在上面选择心仪的合作形式点击报名了，如果你的账号足够优秀，也会吸引到一些品牌方直接联系你进行合作。

二、电商与带货

电商与带货也是小红书上的变现方式之一，通过推荐产品和带货链接，博主就可以获得对应商品的销售提成。这种方式不仅可以为创作者带来可观的收入，还可以增加粉丝的信任度和黏性。带货方式也分为两种，一种是在小红书平台上开设自己的电商店铺，销售自己的产品，但这种方式需要有货源；另一种是直接带货，直接售卖品牌方的产品，赚取提成。带货形式也分为笔记带货和直播带货两种，背后的原理都是相同的，只不过一种是通过发布推荐商品的笔记内容，引导粉丝购买链接中的产品；另一种则是通过直播推荐产品，直接与粉丝互动，提高购买转化率。

如果我们想要带货的话，该怎样去联系品牌方，售卖他们的产品呢？小红书也为我们提供了一个对应的平台——选品中心。

在选品中心，我们可以选择自己想要售卖的物品，将其添加到自己的选品池，然后发布相关带货笔记，并在笔记中插入对应的商品链接。这样在粉丝点击链接购买后，我们就可以获得一定比例的销售提成。

那么我们该如何提升带货效果呢？

首先，当然是要选择与我们账号受众相匹配的产品，确保推荐的产品与粉丝的需求和兴趣相符。例如，健身博主就可以推荐健身器材、健康食品等产品。其次，我们也要分享真实的使用体验和心得，以提高粉丝的信任度。用户往往会更加信赖那些亲身使用过产品、有真实体验的博主的推荐。最后，我们还要确保购买链接清晰、便捷，以优化粉丝的购买体验。比如在笔记中提供详细的购买指南，帮助粉丝更方便地完成购买。

三、知识付费

知识付费是一种用户通过支付一定的费用获取特定的知识、信息或服务的模式。这种模式包括在线课程、付费文章、咨询服务、会员订阅等。随着用户对高质量内容和专业知识的需求不断增加，知识付费成了内容创作者变现的重要手段之一。

小红书作为一个以内容分享和社交互动为核心的平台，也曾经尝试过为知识付费提供一些场景和工具，可惜最终以关闭此功能告终。不过，对于知识付费博主来说，小红书仍然是一条有力的宣传渠道，我们可以通过在店铺售卖虚拟产品或者把用户引流到其他知识付费平台来替代最终的产品交付流程。

知识付费内容主要包括以下三种。

（1）**会员订阅**：我们可以设计一批会员专属的独家内容，如高级教程、专业咨询、独家分享等，也可以跟社群运营相结合，定期在群内发布这些用户感兴趣的内容。用户可以通过付费的方式进入这类学习社群进行学习。

（2）**高质量教程**：我们可以创作一批高质量的付费教程，如视频课程、电子书等来吸引用户购买。例如，一位烹饪博主可以制作一套详细的烹饪视频教程，涵盖从基础到高级的烹饪技巧。

（3）**专业咨询服务**：我们还可以提供和自身专业领域相关的咨询服务，帮助用户解决具体问题。例如，摄影博主可以提供专业的摄影教程、个性化的摄影指导等。

通过明确的内容定位、高质量的内容制作、合理的定价策略和多渠道的推广，我们就可以在小红书平台上成功实现知识付费变现了。同时，互动和合作推广能够帮助我们进一步扩大受众群体，提高销售效果。在未来的内容创作和变现过程中，知识付费将成为越来越重要的模式，帮助我们实现更高的价值和收益。

总而言之，小红书提供了多种多样的变现路径，每一条变现路径既有其独特的优势，也存在挑战，我们可以根据内容特点和受众需求，选择适合自己的变现方式。无论最终选择了哪种变现方式，最重要的是保持对内容的热爱和创作的激情，只有这样，才能在竞争激烈的社交媒体平台上获得持久的成功。通过不断学习和优化，我们可以在小红书上实现稳定变现，并获得长久的发展。

第二节

报备与不报备到底是什么意思？商业广告的变现指南

上一节我们提到，可以通过在蒲公英平台承接品牌的合作与广告来获取收益。在与品牌方取得联系后，对方往往会发来一个简短的疑问句：是否报备？

首次接触商单的博主可能会感到十分迷茫。这是什么意思呢？

顾名思义，“不报备”就是指创作者在发布商业广告内容时，不向蒲公英平台进行报备审核，直接发布广告内容。这样对于品牌方来说，可以避免平台进行抽成，但是对于博主来说，可能会需要自行承担广告内容的合规风险和法律责任。这样一来，如果内容的营销性质太重，一旦被平台发现，可能会面临内容下架、账号处罚甚至封号的风险。同时，这类未报备的广告内容，可能会被用户认为是“不规范”的广告，从而降低用户对创作者的信任度和黏性。

反之，“报备”就是通过小红书的蒲公英平台与品牌方进行合作。报备后，平台会审核广告内容的合规性，确保广告内容不违反平台的规定和法律法规。这样既可以避免广告内容引发法律纠纷或损害平台形象，也有助于平台对商业广告进行透明化管理，保障广告主、创作者和用户的权益。同时，平台可以通过报备机制掌握广告的投放情况，从而进行有效的监控和管理。

蒲公英平台的正常合作流程主要包括以下几个步骤。

（1）**匹配合作品牌**：品牌方会在小红书上下单，我们要选择与自己的内容定位和粉丝群体相匹配的品牌进行合作，确保广告内容的真实性和相关性。同时，我们也可以给对方做一些价格方面的折扣，确认好笔记要求的发布时间，就可以点击确认了。

（2）**确保笔记内容合规**：在双方都确认好订单后，我们就要准备笔记内容了。在动笔之前，我们需要详细了解小红书平台的广告投放规则和相关规定，确保广告内容符合平台要求。平台通常会在社区规范或广告合作指南中明确广告内容的合规标准和报备流程。同时，我们也要注重广告内容的质量和创意，确保广告内容不仅符合品牌需求，还能吸引用户的关注和兴趣。高质量的笔记内容不仅能提升广告效果，还能增强用户对博主的信任和黏性。

（3）**关联合作商家**：笔记准备好之后，就可以在选项中关联合作商家点击发布了。需要注意的是，此时的发布并不是真的发布给大众，而是发布为一个私密笔记，仅供平台及品牌方的负责人审核使用。审核过程可能需要几个小时或几天，具体时间视具体情况而定。

（4）**发布笔记**：在通过全部的审核之后，我们就可以对笔记进行发布了。此时合作还没有结束，我们还需要及时关注用户的反馈和评论，了解用户的需求和反应。根据用户反馈，调整和优化后续的广告内容和合作策略，提高广告效果和用户满意度。

（5）**控制广告投放频次**：在承接商业广告时，我们也要注意控制广告发布的频次，避免频繁发布广告影响用户体验。我们可以通过合理安排发布广告的频次，保持内容的多样性和用户的关注度。

“报备”和“不报备”是在小红书平台进行广告合作时的两个重要概念，对广告内容的发布和变现有着重要影响。通过详细了解和正确运用报备机制，我们可以确保广告内容的合规性，从而提高广告效果，实现稳定变现。同时，规范的广告操作不仅能增强用户的信任度，还能为我们带来更多的品牌合作机会，促进长期发展。无论是新手创作者还是资深博主，遵循平台规则、提升内容质量、关注用户反馈，都是广告变现成功的关键。

第三节

带货的秘诀：这个成交公式你必须知道

接下来我们就来看看第二条变现路径——电商与带货。在社交媒体日益发展的今天，带货已经成为许多博主的重要变现途径之一，尤其是在小红书这样一个注重生活方式分享的平台上，成功的带货不仅可以为博主带来可观的收入，还能帮助品牌实现快速推广。

然而，带货并非简单地展示产品，它需要精心策划和严格执行。下面我们就来揭秘一个重要的成交公式，帮助大家在带货过程中实现高效转化。

要想成功带货，我们首先需要理解成交公式的核心理念。这个公式包括以下四个关键要素：产品选择、内容创作、互动与反馈、建立信任。这些要素共同作用，构成了带货成功的基础。接下来，我们来逐一解析这些要素，帮助大家更好地应用这个成交公式。

一、产品选择

产品选择是带货成功的第一步。选择合适的产品不仅能够吸引目标用户，还能提升用户的购买意愿。以下是选择产品时需要注意的几个方面。

（1）**相关性**：我们需要选择与账号的内容定位和粉丝群体相关的产品。例如，美妆博主可以选择护肤品、化妆品等相关产品；健身博主可以选择运动器材、健康食品等相关产品。

（2）**质量和口碑**：选品中心的商品非常丰富，选择质量好、口碑佳的产品能够提升用户的购买信心和成交概率。优质的产品不仅能提高用户满意度，还能增强用户对我们的信任。所以在选择商品时我们可以按销量或评价排序，找到那些好评较多的商品进行带货。

（3）**价格和性价比**：选择价格合理、性价比高的产品能够吸引更多用户购买。过高的价格可能会降低用户的购买意愿，性价比高的产品更容易打动用户。我们也可以选择那些有额外优惠券的商品，这样用户可以拿到更多折扣，下单意愿也会更强。

二、内容创作

优质的内容创作也是带货成功的关键。笔记内容不仅是展示产品的媒介，更是吸引用户、激发用户购买欲望的重要手段。以下是创作带货内容时需要注意的几个要点。

（1）**真实体验**：我们的带货笔记中需要展示我们对产品的真实体验和使用感受，让用户感受到产品的实际效果和价值。只有真实的体验分享，才能够增强内容的可信度和对用户的吸引力。

（2）**详细介绍**：不管是视频直播还是发布笔记，用户的下单行为一定是基于他们详细了解了产品的功能、特点和使用方法。所以我们需要在内容中帮助用户全面了解产品，可以通过图文、视频等多种形式展示产品，增强用户的理解和兴趣。

（3）**创意表达**：市面上的带货视频数不胜数，若想脱颖而出，我们就要通过一些有创意的表达方式提升内容的趣味性和吸引力。例如，展示同一种商品的不同用法、老产品的新奇妙用等。

（4）**其他用户评价**：在内容方面，我们也可以通过分享其他用户的真实评价和反馈，来增强内容的可信度和说服力。正面的用户评价能够有效激发其他用户的购买欲望。

（5）**高质量视觉**：同时，我们还要确保内容的视觉质量足够高，保证图片和视频足够清晰且构图美观，提升内容的专业性和美感。

三、互动与反馈

与用户的互动和反馈是提升带货效果的关键。积极的互动和反馈可以增强用户的参与感和信任感，提升用户的购买意愿。其中，最重要的就是及时回复。通过及时回复用户的评论和私信，解答他们的疑问和顾虑，以此来增强他们的信任和购买信心。此外，我们也可以通过一些小的互动活动提升用户的参与感和兴趣。例如，可以通过抽奖、发放优惠券等方式吸引用户参与，提高内容的互动性和转化率。

四、建立信任

信任是带货成功的基础，只有用户建立了对我们的信任，他们才会愿意购买我们推荐的产品。首先，要保证内容的真实和透明，不夸大产品效果，坦诚分享产品的优缺点。真实和透明的内容能够增强用户的信任和好感。其次，平时也要持续输出优质内容，保持与用户的稳定互动，增强用户的黏性和忠诚度。通过持续的优质输出，逐步建立用户对我们的账号人设的信任程度。最后，永远要以专业的形象和态度展示我们的专业知识和能力，增强用户的信任和认可。

为了更好地理解和应用这个成交公式，我们来看一个具体的实例。

假设你是一位美妆博主，在换季的时候想要为一款好用的护肤品带货，你就可以按照以下步骤进行。

（1）**产品选择**：选择一款质量好、口碑佳、性价比高的护肤品，确保产品与我们的内容定位和粉丝群体相关。坚决杜绝三无产品、网上对成分有争议的产品。

（2）**内容创作**：我们可以通过短视频展示自己使用这款护肤品的全过程，并且详细介绍产品的功能和特点，分享我们的真实使用感受。同时要确保视频画面清晰、构图美观，提升内容的专业性和美感。此外，我们还可以灵活运用展现形式，比如做连续 28 天使用这款护肤品的结果打卡，封面放上打卡前后对比图等。

（3）**互动与反馈**：发布视频后，我们还要积极回复用户的评论和私信，解答他们的疑问和顾虑。同时，可以在之后的视频中分享用户的真实评价和反馈，以此来增强内容的可信度和说服力。

（4）**信任建立**：一定要保证内容的真实和透明，不夸大产品效果，坦诚分享产品的优缺点。持续输出优质内容，保持与用户的稳定互动，逐步建立用户对我们的信任。

带货不仅是展示产品，更是通过优质的内容和有效的互动，激发用户的购买欲望，实现高效转化。通过理解和应用这个成交公式，我们可以提升带货效果，实现稳定的变现。无论你是新手创作者还是资深博主，选择合适的产品、创作优质的内容、积极互动与反馈、建立用户信任，都是带货成功的关键。

第四节

课程变现：把技能打造成课程

在数字化时代，知识和技能已经成为一种商品，可以通过互联网轻松地进行分享和变现。对于有专业技能和丰富经验的博主来说，将自己的知识和技能打造成课程，不仅可以帮助更多人提升能力，还可以获得可观的经济回报。小红书作为一个用户活跃、内容丰富的平台，为我们的课程推广和销售提供了一个理想的环境。

课程变现有以下四个步骤。

第一步：识别自身核心技能

想要实现课程变现，就要先识别我们自身的核心技能。我们需要明确自己擅长什么，并确定哪些技能可以通过课程的形式进行分享。以下是三个需要考虑的要素。

（1）**专业知识**：如果我们在某一领域有着丰富的知识和经验，就可以将其转化为课程进行售卖，包括化妆技巧、手工教程、摄影技巧等。

（2）**市场需求**：我们要确定这个技能是否有市场需求。在这个“内卷时代”，人们往往更青睐那些能带来变现收益的技能。我们可以通过小红书上的搜索和用户互动来了解用户的兴趣和需求。

（3）**竞争情况**：我们还要分析市场上现有的同类课程，对比找出自己的独特优势和差异点，这样才能确保自己的课程在市场中具有竞争力。

第二步：设计课程

一旦我们确定了要教授的技能，下一步就是设计课程了。一个好的课程设计需要考虑以下四个方面。

（1）**课程目标**：我们要设立明确的课程学习目标，告诉学员完成课程后能够掌握哪些技能，并取得什么样的收益。比如如果我们开设的是修图课，那么课程目标就可以是学会使用PS修图，并且可以在网上接单赚取修图费。

（2）**课程结构**：有了学习目标，接下来就是设计一个合理的课程结构了，这包括划分章节、总结每章的内容概要以及安排学习时间。这个结构一定要是可实现的。市面上有些课程的时间安排过于紧张，导致上一讲的内容还没有消化，就开始学下一节了，最终的授课效果都会比较差，不利于后续的招生。

（3）**高质量的内容呈现**：首先，我们要确保内容的专业性和准确性，通过展示自己的专业知识和经验，增强学员的信任感。同时也要注重实用性，可以提供具体的案例和实操指导，帮助学员将所学内容应用到实践中。其次，我们还需要选择适合的内容呈现形式，如视频、文字、图表、实操演示等，确保内容的丰富多样，增强课程的生动性和吸引力，使学员易于理解和掌握；最后，也是最重要的一点——清晰易懂。我们需要使用简洁明了的语言，避免使用过于专业的术语，确保所有学员都能听懂。

（4）**互动和反馈**：最后，也要设计互动环节，不管是学习何种技能，道理都是相通的，都需要先了解再练习，才能内化成自己的东西。因此，我们的课程也需要理论与实践相结合，最好在每节课结束后留下练习作业，让学员能够实践所学内容。同时，在学员练习时，也要提供及时的反馈和答疑服务，帮助学员解决学习中的问题。这样我们才能及时改进后续课程的内容设置，更好地帮助学员真正学会课程里的内容。

第三步：选择适合的课程平台

选择适合的课程平台是实现课程变现的重要一步。我们可以考虑以下平台。

（1）CCTalk：CCTalk是国内比较知名的一个大型在线教育平台，提供语言学习、职业培训、兴趣爱好等多种课程。上面的课程以直播课为主，强调实时互动，支持在线聊天、问答、屏幕共享及微信小程序学员打卡等功能。平台会抽成8%的课程费用。

（2）**腾讯课堂**：腾讯旗下的官方平台，有丰富的教育资源，涵盖多个领域，支持多种支付方式，方便学员购买课程。比较适合需要大量资源支持、希望与知名机构合作的老师。

（3）**网易云课堂**：网易旗下的官方平台，其授课内容以编程、设计、语言、职场技能等课程为主。比较强调系统学习，需要设计明确的学习路径。适合以录播课为主的老师。

（4）**B站（哔哩哔哩）**：它虽然是视频平台，但是也被网友们戏称为“B站大学”，很多用户都在上面观看教程进行学习。平台用户群体偏年轻，氛围活跃。近几年也支持用户在上面上传付费课程，比较适合以年轻用户为主要受众、注重趣味性和互动性的课程。

（5）抖音学浪：抖音旗下的知识付费平台，入驻需要缴纳5000～20000元的押金，且需要有ICP备案和营业执照，对于老师个人的要求比较高。不过由于可以在抖音平台以视频挂车或直播售卖的形式发售，流量比较大。

第四步：营销和推广

有效的营销和推广也能够大幅提升课程的曝光度和销售量。我们可以在小红书上发布相关的免费内容，如教学视频、图文教程等，吸引用户关注我们的付费课程。同时，也可以尝试多渠道传播，利用其他的社交媒体进行推广，例如在微博、抖音等社交媒体平台发布课程信息，吸引更多潜在学员。

在课程上线初期，我们可以结合一些特殊的节假日推出优惠活动，如限时折扣、赠送资料等，吸引更多用户购买。在课程完成教授后，我们也要鼓励学员多分享学习体验和成果，从而利用用户口碑传播扩大课程的影响力。

例如某网红修图博主，虽然粉丝量不算多，但是课程变现能力十分优秀。她的宣传策略也跟我们之前说的类似。首先，经常发布自己优秀的修图对比作品，并经常用免费的公开课引流。在加到微信后，她也没有像其他博主那样进行狂轰滥炸的私聊营销，更多的是在朋友圈和社群内进行宣传。其次，在课程的售卖期，她也会做一些与节假日相关的优惠活动、老带新活动等。最后，她一直在为自己打造一个励志、积极的人设，经常分享帮助学员的内容，这很容易让人对她心生好感，提升用户的信任度及黏性。

将技能打造成课程，实现课程变现，是知识经济时代的一个重要趋势。

通过识别核心技能、设计高质量课程、选择合适的平台进行有效营销推广，以及持续优化更新，我们就可以在小红书上实现课程变现，获得可观的经济回报。同时，通过分享知识和技能，也能帮助更多人提升能力，实现自我价值。

第七章

时刻保持警觉，树立遵纪守法和风险防范意识

第一节

蹭热点要适度，网红违法事件敲响警钟

作为一名自媒体账号的运营者，我们常常需要关注热点话题，借助热点话题的流量吸引更多粉丝，这个当然是无可厚非的行为。然而，追热点、蹭热度虽然有利于吸引眼球，但过度依赖此类内容也可能带来一些负面影响。在运营小红书账号时，我们必须认识到并非所有的热点都适合触碰，有些话题背后可能隐藏着巨大的风险或不良影响。我们必须慎重审视热点话题，谨慎应对，避免过度冒险，为了一时的涨粉而引发不可控制的后果。

在热点话题方面，我们要注意以下几个问题。

首先，违背法律与道德的热点话题是绝对不能触碰的禁区。在传播内容时，必须严格遵守国家法律法规，绝不能散布不实信息、侵犯他人隐私、传播暴力恐怖内容。同样重要的是要有道德底线，不得利用热点话题炒作不良行为，不得传播低俗、恶搞或歧视性内容，以免引发公众愤慨，承担法律责任。

其次，有些热点话题可能涉及政治敏感、宗教信仰等敏感领域，触及这些议题往往会引发争议、带来风险。自媒体账号运营者应保持客观中立的立场，避免随意发表涉及敏感话题的言论，以免误导读者、挑起争端或招致麻烦。

最后，在选择蹭热点时，务必慎重思考这一行为会带来的影响和后果。一味追求点击量和关注度而不考虑内容质量和价值观是否正确，往往会陷入对短期利益的追逐之中。因此，作为自媒体从业者，我们要时刻保持清醒的头脑，审慎评估热点话题的适宜性和风险，避免盲目跟风和冒险行为。

如今，自媒体行业飞速发展，不少网红为了快速涨粉不惜捏造虚假谣言。接下来我们以一个热点话题为例，了解一下不当蹭热度带来的严重后果。

2024 年 2 月 16 日下午，某网红博主在多个平台发布了一段视频。在视频中，该博主表示在巴黎街头有个法国人递给她两本寒假作业，说是在“厕所”捡到的，而作业本是一个叫“秦某”的小学生弄丢的。这件事在网络上引起了很大的轰动，很快就成为各个平台的热门话题。

在视频下面的评论区里，有一个来自江苏的网友自称是秦某的家属，他表示这位小朋友是他的外甥，在某小学就读。这条评论获得了 22 万的点赞。后来，这位网友又发布了视频回应，说秦某的妈妈并不知道发生了这件事，他特地去书店给外甥重新买了新的寒假作业送了过去。如此一来，“丢寒假作业的秦某家人回应”这一话题再次成为热搜焦点。

2024 年 2 月 18 日，该小学的工作人员回应称，学校并没有“秦某”这名学生。除了江苏省，河南省洛阳市和广西壮族自治区北海市也有同名的学校。记者联系了这些学校，但工作人员均表示“学校里并没有这个孩子”或者“我们没有听说过这件事”。

随着该事件的不断发酵，2024 年 2 月 19 日，一些网友开始怀疑之前的视频是不是预先安排好的。对此，该网红博主所属 MCN 机构的一位高管发声，表示该博主平时拍摄的视频内容都是真实发生的，并不是事先编排好的。同时，为了回应网友的质疑，该博主在2月19日发布了一段视频做出澄清，说已经联系到了秦某的妈妈，之前是为了保护小朋友的隐私才没有公布学校的名字。在视频里，她附上了一份聊天记录截图，看起来似乎有理有据地还原了整件事情的真相。

2024年2月21日，根据白鹿视频的报道，由于该博主发布视频时显示的IP所属地是“浙江”，记者便联系了浙江省互联网违法和不良信息举报中心来了解情况。工作人员回复表示，他们已经留意到了“秦某丢失寒假作业”这一事件。

经过一系列调查，杭州市公安局西湖区分局于2024年4月12日发布通报称，该博主为了吸引更多粉丝和流量，与同事薛某共同策划、编造了一系列视频剧本，声称“捡到了小学生秦某丢失的作业本”，后用手机拍摄、制作相关视频并散播至多个网络平台，造成了严重的社会影响。警方已依法对该博主、同事薛某以及二人所在公司做出了相应的行政处罚。该博主的多个社交平台账号也已经被封禁。

通过上述事例我们可以看到，这位博主通过策划、编排、散布虚假信息的方式博取大众的关注度，最终被公安部门严查，并且遭到全网封杀，付出了惨痛的代价。

由此可见，在自媒体账号运营的道路上，违法违规、违背道德都将带来严重的后果。只有在遵守法律法规和道德规范、警惕风险挑战的前提下进行合理的账号运营，才能够真正建立起可靠、可持续的自媒体品牌，促进长期发展。

第二节

小红书法律风险：合规运营的必备知识

在小红书这样的社交平台上运营账号，虽然可以带来很多机会，但如果运营不当，也会有一定的法律风险，因此，了解并遵守相关法律法规是至关重要的。接下来就让我们了解一下在小红书上合规运营的一些必备知识，这些知识可以帮助我们规避风险，让我们以更加持久稳定的方式运营账号。

在小红书运营过程中，接广告是一个必不可少的环节，我们需要重视广告合规的问题。通过内容、视频或者其他形式展示的涉及广告的内容，都必须在明显的位置做出标注，以便让用户清晰地知道这是一则广告，这样做是为了确保广告内容的真实性、合法性，同时遵守相关的广告法规。关于广告，具体来说需要注意以下四点。

（1）**明示标注**：在展示涉及广告的内容时，必须明确标注为广告，可以用“广告”“推广”等词进行标识，以区分普通内容和广告内容。

（2）**内容真实**：广告内容必须真实可靠，不能夸大虚假宣传，以免误导消费者或触犯相关法律法规。必须确保广告内容和产品的描述一致，不得虚假宣传。

（3）**合法合规**：广告内容必须符合国家法律法规，不得涉及违法行为或违规内容。特别是广告中涉及价格、效果、承诺等时，必须确保合法合规。

（4）**保障用户利益**：广告应当尊重用户权益，不得利用欺骗、误导等手段进行推广。广告应当真实反映产品或服务的特点和优势，让用户能够做出明智的消费决策。

基于上述原则，我们来探讨一个反面案例。一位美妆博主在小红书上发布了一篇关于某个护肤品牌产品的推荐文章，但在文章中并没有明确标注广告或推广。她过分夸大了这款产品的功效，却没有提及产品可能存在的副作用和适用人群限制。此外，她还在文章中提到了购买产品的优惠码，并鼓励用户购买。这种打广告的行为显然是不合规的，其中主要存在以下几个问题。

（1）**缺乏标注**：未在文章中清晰标注此内容为广告或推广，造成消费者难以分辨是自发推荐还是付费推广。

（2）**夸大宣传**：过分夸大产品的功效，未能提供客观真实的信息，可能误导消费者，不符合广告内容应当真实可靠的原则。

（3）**隐瞒信息**：未提及可能存在的副作用和适用人群限制，对消费者不负责，可能会导致消费者购买后受到欺骗。

（4）**潜在利益关系**：文章中附带购买该品牌产品的优惠码，但未明确披露确实存在的广告关系，可能误导消费者。

在以上案例中，这位博主不仅违反了广告法规，还违反了广告真实性、合法性和公平性的原则。如果有消费者对广告质疑，并投诉到工商局等有关部门，这位博主将会依法付出相应代价。

除了接广告以外，小红书在运营过程中也需要经常举办一些抽奖活动，这就需要特别注意抽奖活动的规范。

首先，要明确奖品及规则。在举办抽奖活动之前，必须明确宣布活动的奖品和相关规则，包括奖品的具体信息、数量、价值等。同时要清晰地说明参与方式、参与资格、活动期限、中奖结果公布方式等，确保活动信息清晰、透明、可信，避免使消费者疑惑。

其次，要做到公平、透明。抽奖活动必须严格遵守公平原则，每位参与者都应有平等的机会获得奖品，不得对参与者有任何歧视或不公平行为。抽奖过程应当透明公开，确保任何参与者都可以了解抽奖的过程和结果。

最后，一定要避免违法操纵。在抽奖活动中，绝对不能出现任何违法操纵行为，例如利用虚假账号增加中奖概率、篡改中奖结果、利用非法手段获取参与者信息等。操纵抽奖活动是不道德的行为，也可能触犯相关法律法规，对品牌形象和合法经营造成严重影响。

让我们继续以美妆博主为例。如果美妆博主接受品牌方的委托，按照要求在小红书上举办一场抽奖活动，这时最常见的问题有以下几个。

（1）**虚假宣传奖品**：在活动中宣传了豪华奖品（如顶级化妆品套装），但事实上却没有准备这些奖品，这种行为就是欺骗消费者。

（2）**不公平抽奖规则**：在活动规则中设置了不公平的抽奖条件，例如只有满足特定条件才能参与抽奖，这将导致其他消费者的权益受损。

（3）**操纵中奖结果**：品牌通过操控抽奖机制或故意虚构中奖者，以达到推广目的，这种行为严重损害消费者利益，可能已构成犯罪。

（4）**违法获取信息**：在抽奖活动中未征得用户同意收集用户个人信息，或将用户信息用于其他商业目的，这就违反了个人数据保护法规。

如果举办抽奖活动时出现这几种情况，那么这位博主就违反了抽奖活动的规范，会因此被投诉或举报。

此外，在小红书运营的过程中，保护未成年用户也是非常重要的一项责任，我们需要从以下方面保护未成年用户。

（1）**内容筛选**：个人在小红书上运营账号时，应该谨慎筛选发布的内容，确保不会发布涉及违法、色情、暴力等不适合未成年人观看的内容。要注意内容的健康性和正面性，避免引导未成年人接触不良信息。

（2）**言行规范**：在与粉丝互动时，要注意用语文明得体，不要使用不当语言或敏感词。要给未成年人树立好榜样，避免传递消极或不良的价值观。

（3）**隐私保护**：绝对不能在未经许可的情况下，发布或传播未成年人的个人信息，包括照片、家庭住址等私密信息，要尊重未成年人的隐私权并加以保护。

（4）**合法观点**：在表达观点或分享信息时，要谨慎避免传递不正确的观点或与法律法规相抵触的信息，尤其在涉及未成年人的问题时更应当慎重。

（5）**与未成年人互动**：在与未成年人的互动中，要注意言行举止，营造积极正面的社交环境，避免引导未成年人做出不适当的行为或决定。

通过以上措施，我们可以更好地保护未成年用户，和平台共同建立起健康的网络生态，同时也可以避免因忽视未成年人保护而引发的法律风险和社会责任问题。确保未成年人的安全和权益，对于每一个自媒体人的长期发展都是至关重要的。

此外，当我们运营小红书账号时，还需要特别注意民族和宗教情感，避免在内容中触及敏感话题，引发争议和矛盾。

民族和宗教牵涉到个人身份认同、信仰价值等方面，因此，一定要从以下五个方面多加注意。

（1）**尊重多元文化**：在小红书上发布内容时，应该尊重并包容不同民族和宗教背景的粉丝，避免歧视或挑衅任何特定民族或宗教，以免造成负面影响和不必要的矛盾冲突。

（2）**避免误解和争议**：敏感的民族和宗教话题往往容易引发误解和争议，为了尽可能避免不必要的矛盾和争端，最好不要在个人账号内容中涉及这些话题。

（3）**保持中立和客观**：即使想要探讨民族或宗教话题，也应该保持中立和客观的态度，不偏向任何一方，避免激化情绪和煽动矛盾冲突。

（4）**审慎表达观点**：如果不得不涉及民族或宗教话题，务必审慎选择措辞并避免表达可能引起误解的观点。在传递信息时，要考虑到不同群体的感受和立场。

（5）**和谐社区氛围**：远离敏感话题，可以帮助我们维护小红书社区的和谐氛围，让粉丝们更愿意参与讨论和互动，共同促进社交平台的积极发展。

总的来说，我们应该尽可能地避免触及敏感的民族、宗教话题，这样可以减少不必要的风险和争议，营造一个积极向上的社交环境。

合规运营不仅可以保护自己的权益，也能维护自身的良好形象，帮助我们建立起更加稳固的粉丝基础，从而让自媒体账号以稳定积极的方式，朝着愈加繁荣的方向良性发展。

希望以上法律风险与合规运营知识能够帮助我们在小红书上安全、合法地进行内容创作和运营，让我们在保持创作热情的同时，也能够注意遵守各项规定，合法合规地开展运营活动。

第三节

用户隐私保护：保护用户隐私的措施和方法

当我们谈论保护用户隐私时，实际上是在谈论对用户的尊重、信任和责任。保护用户的隐私意味着我们尊重个人权利，尊重每个用户的自主权和私人空间，这是建立健康的网络环境的基础。随着信息时代的到来，人们将越来越多的个人信息储存在网络上，这些信息中包含了许多敏感的个人身份信息。如果这些信息被滥用或泄露，不仅会让用户蒙受经济上的损失，还会让他们遭受到精神上的困扰。

保护用户隐私直接关系到用户的安全感和信任感，它代表了我们对用户的尊重和保护，是社会责任的体现。由此可见，当我们运营小红书账号时，保护用户隐私至关重要。接下来就让我们从以下四个方面来探讨保护用户隐私的措施与方法。

一、收集最小化原则

收集最小化原则是指在数据处理过程中，只收集必需的用户个人信息，避免收集过多的敏感信息。如果我们在运营账号的过程中需要收集用户的信息，避免过度收集或滥用，以保护用户的隐私权益。

同时，根据收集最小化原则，我们应当在必要情况下提供可选项，让用户自主选择是否提供特定信息。这意味着我们并不强制要求用户提供所有信息，而是赋予他们选择权，让用户自主决定愿意提供哪些信息，以增强对数据隐私的控制和透明度。

遵循收集最小化原则，可以降低泄露用户信息的风险，减少数据安全方面的问题，并提高用户对于我们的信任度。这种做法也符合隐私保护的核心理念，即保护用户隐私，仅仅收集必要信息来实现合法目的，不做过度收集和用途不明的数据处理。这种做法有助于平衡数据利用和隐私保护之间的关系，实现数据安全和用户权益保障的双赢局面。

二、不擅自分享用户信息

运营小红书账号时，我们绝对不能擅自把用户的个人信息分享给第三方，这一点至关重要。除非经过用户的明确同意或符合法律规定，否则绝不可轻易披露用户的个人信息。在运营过程中，要严格遵循隐私政策和相关法律法规的规定，确保用户的隐私权得到充分尊重和保护。

为了建立用户的信任和品牌声誉，小红书账号在运营过程中应该积极加强对用户信息的保护，采取严格的数据管理措施，避免出现信息泄露的情况。当需要用户提供个人信息时，要明确告知用户使用信息的目的，在征得用户的明确同意后再进行使用。若需要与第三方合作或与外部机构分享用户信息，必须经过用户的充分授权，并确保第三方同样重视用户数据的保护。

遵守隐私保护原则，保护用户个人信息的安全，是我们运营小红书账号的基本准则和重要任务。只有尊重用户隐私，合法合规地处理用户信息，才能增强用户的信任感，促进账号的可持续发展。保护用户隐私信息的重要性不言而喻，任何运营活动都应当以确保用户隐私安全为首要任务。

三、敏感信息保护

在运营小红书账号时，我们必须格外重视对个人敏感信息的保护，例如姓名、照片、联系方式等。这些信息的泄露可能会对用户的隐私造成严重影响，甚至造成财务损失和个人安全问题。因此，我们需要采取额外的安全措施来保护这些数据，确保其不会被泄露或滥用。

针对特别敏感的个人信息，我们应该严格遵循数据安全的最佳实践，比如加密存储、限制他人的访问权限、定期审查等。只有授权人员才可以访问这些信息，且必须经过严格的身份验证程序。在数据存储过程中，应避免使用不安全的网络或存储设备，确保信息传输的加密性和安全性。

另外，我们还需要建立完善的监控机制，及时发现和应对任何潜在的数据安全风险。我们还要定期进行安全漏洞扫描和修复，加强数据存储的安全性。同时，我们也要进行必要的数据保护培训，加强对用户隐私保护的责任意识。

四、明确隐私政策

在运营小红书账号时，我们必须确保遵守隐私政策，这一点至关重要。隐私政策是为保护用户的个人隐私和数据安全而制定的指南，它要求平台必须告知用户关于其个人数据的收集、使用、共享和保护方式。这意味着我们需要向用户清晰地解释他们的个人信息将如何被收集、用途是什么、是否会与第三方分享以及数据的保护措施等内容。

遵守隐私政策可以使我们更容易获得用户的信任。通过向用户提供透明的信息，让他们了解自己数据的处理方式，可以展示我们对用户隐私的尊重和关注，用户将更愿意参与互动，从而促进用户体验的提升，进而促进自媒体账号的可持续发展。

同时，遵守隐私政策也符合法规要求。在数字化时代，用户信息安全和隐私保护备受用户关注，我们需要时刻关注隐私政策的更新情况，保持与法规、政策同步并及时调整创作内容。

总而言之，作为一名自媒体运营人，我们应该时刻关注用户隐私保护。除了遵守隐私政策，我们还应该主动参与隐私保护的相关培训，不断加强对用户隐私保护的重视程度和责任意识。只有通过不断学习和实践，我们才能更好地保护用户的个人数据，打造合规合法、有可信度的新媒体账号，为持续发展打下坚实基础。

第四节

知识产权保护：保护自身创作版权的措施和方法

在运营自己的小红书账号时，保护自身创作版权是至关重要的，因为它直接关系到我们作为创作者在平台上的声誉、发展和收益。

保护版权可以确保我们在小红书上发布的原创内容不被盗用或恶意篡改。通过保护作品的独立性和原创性，我们可以在平台上建立独特的品牌形象，获得更多用户的认可和关注。用户喜欢关注那些高质量内容的原创者，一旦我们的作品被抄袭或未经授权转载，用户就会被其他相似内容吸引，不利于维护我们的用户群体和粉丝基础。

此外，保护自身创作版权还能为我们带来更多商业机会和合作项目。在小红书上建立起具有独特风格和高质量内容的账号，会吸引品牌商家或合作方的合作推广或赞助，从而带来更多的商业机会和收益。与此同时，保护版权也是对自己劳动成果和独立创作的一种尊重。作为创作者，我们花费大量时间和心血创作出的作品应该得到应有的尊重和保护，这也是对创作热情和创新精神的一种维护与肯定。

为了更好地保护自身的创作版权，我们可以尝试从以下六个方面入手。

一、原创内容

在运营小红书账号时，发布原创内容是十分重要的。这需要我们努力创作具有独创性的内容，而不是直接复制或转载他人的作品。原创内容可以展示我们的创作才华和独特风格，吸引更多用户的关注和认可。原创内容的价值在于它能够展现我们的个性和观点，让我们在平台上建立起独特的品牌形象。通过持续地创作原创内容，我们能够吸引到那些真正喜欢我们风格和内容的用户，打下稳固的粉丝基础。

此外，发布原创内容也可以为我们带来更多的机会和收益。品牌合作商、广告主和赞助商更愿意选择与有原创内容的创作者合作，因为他们更看重创作者的独特性和创造力，这样可以为我们带来更多商业合作的机会。

避免直接复制、转载他人作品，不仅可以维护我们的创作声誉，还能避免侵权和法律纠纷。尊重他人的创作成果是作为创作者应该具备的基本素质，而且小红书平台也有相关的规定和审查机制来防止抄袭和侵权行为。

二、版权声明

想要保护自己的原创作品，我们就需要在自己的作品中注明版权声明，清晰地标示出作品的版权信息，警示他人未经许可不得擅自使用或转载我们的作品。

通过标示版权声明，我们可以明确表明对自己作品的所有权和控制权，提醒他人需尊重我们的创作成果。版权声明有助于保护我们的知识产权，从而减少版权纠纷事件。

同时，版权声明也是一种法律防护措施。在遇到他人侵犯我们作品权利的情况下，我们可以依靠版权声明来证明作品的原创性和归属权，从而加强对自身合法权益的保护，有利于维护自己的著作权。

版权声明有助于树立良好的创作者形象，表明我们对作品的重视和保护。这种专业和负责的态度不仅会赢得他人的尊重和信任，也有助于与其他创作者、合作伙伴建立起互相尊重的合作关系。

三、水印保护

在运营小红书账号时，为我们的图片、视频等作品添加水印是非常重要的。水印是包括用户名、网址链接或 Logo 在内的一种标识，能够有效提高作品的辨识度，减少他人盗用或未经授权转载我们作品的行为。

通过添加水印，我们可以在作品上留下独特的标记，让观众一眼就能认出这是我们创作的内容。这不仅有助于巩固我们的品牌形象和创作者身份，还能提升作品的专业性和价值感，使其更容易在大量信息中脱颖而出。另外，水印也能有效降低他人盗用我们作品的风险。如果我们的作品被未经授权的账号转载或使用，水印可以作为证据，证明作品的归属权和原创性，便于维护我们的合法权益。

值得注意的是，水印设计要尽可能精致、恰当，避免过于显眼影响作品整体美感，但又要足够醒目以保证辨识度。恰当的水印设计既能保护作品创作者的权益，又不会影响到用户体验和作品的美观性。

四、监测侵权行为

我们需要定期检查他人是否侵犯我们的版权。为了保护我们的原创作品不受盗用，利用小红书提供的工具或其他监测工具，监测作品被转载和使用的情况至关重要。一旦发现有侵权行为，我们需要及时采取相应措施来应对。

通过定期进行监测和检查，我们可以及时了解作品的传播情况，了解是否有未经授权使用作品的行为。我们可以利用小红书提供的监测工具，如版权保护功能或搜索引擎等，也可以借助第三方服务来监控作品在网络上的使用情况。一旦发现有人侵犯版权，我们就需要迅速采取行动。我们可以联系侵权方，要求其删除相关内容或停止侵权行为。同时，我们还可以向小红书平台或其他相关版权保护机构投诉，寻求他们的支持和帮助，以此维护我们的合法权益。

定期检查和监测侵权行为不仅有助于保护我们的创作成果和知识产权，也有助于维护我们在平台上的声誉和权威。这种积极应对侵权行为的态度，充分展现出了我们对自己作品的重视，还能为我们赢得用户和粉丝的信任。

五、建立合作关系

与平台或其他合作方建立合作关系是非常重要的。通过这种方式，我们可以获得理念授权或合作机会，以确保我们的作品能得到合法的使用和保护。

建立合作关系有助于我们更好地展示自己的创作才华和作品，从而吸引到更多人的关注和认可。通过与平台或其他合作方合作，我们可以增加作品的曝光度，扩大受众群体，提升作品的影响力和知名度。

与合作方建立合作关系，可以为我们提供更多创作机会和资源支持。合作方会提供专业意见和指导，有助于我们不断提升自己的创作水平和作品质量。通过合作关系，我们也能够获得理念授权或合法使用权，确保我们的作品得到合法的保护。在合作协议中，我们要明确约定作品的权利归属和使用范围，这样能够有效防止作品被盗用或擅自转载，保障我们的创作权益和作品的权利归属。

六、提高知识产权保护意识

作为一名自媒体运营者，我们需要关注知识产权保护规定，这样能够帮助我们更好地保护自己的作品。掌握相关法律法规可以让我们清楚了解自己的权利和责任，避免在运营过程中因不了解法律规定而引发版权纠纷。了解知识产权法律规定，比如《中华人民共和国著作权法》《信息网络传播权保护条例》等，能够帮助我们明晰自己作为作者的权益，知晓如何借鉴他人作品，避免出现侵权行为。

通过不断学习和更新保护作品版权的方法和技巧，我们可以更好地保护自己的创作成果，避免作品被恶意侵犯或盗用。随着网络环境的变化和技术的更新，保护版权的方式也在不断演进。因此，及时关注行业动态，了解最新的保护措施和工具，可以帮助我们更有效地保护自己的作品，让我们在运营小红书账号时更加从容。

总而言之，在运营小红书账号或进行创作活动时，了解知识产权保护的相关法律法规，不断学习保护作品版权的方法和技巧是至关重要的。我们可以参考上述六个方面的信息，加强自己的版权保护意识。这不仅有助于维护我们的合法权益和劳动成果，还能够更好地保护我们的创作热情，激发创作动力。

第八章

持续学习、不断优化，才能走得更远

第一节

保持终身学习，永远做一块吸水的海绵

在如今这个信息爆炸的时代，自媒体行业飞速发展，成功的自媒体人成为许多人追逐的目标。然而，作为自媒体创作者，要想在这个竞争激烈的领域里立足，需要我们不断学习、积累、成长。要像一块海绵，永远保持吸水的能力。自媒体从业者也应该时刻保持学习的状态，不断吸收新知识，不断提升自我。

在小红书这样的社交电商平台上做自媒体账号运营，持续的学习与创新是至关重要的。小红书作为一个汇聚了各种生活方式、美妆时尚和文化艺术内容的平台，用户们对获取新知识、新技能，掌握最新的时尚潮流动向有较大需求。

持续学习对于小红书博主而言意味着更多的灵感和创意。通过不断学习，我们可以了解最新的时尚趋势、护肤品推荐、美妆技巧等信息，以此来强化自己的内容输出。同时也可以在平台上分享自己的学习心得和经验，与他人交流互助、共同成长。

小红书作为一个具有强大社交属性的平台，一直鼓励大家积极学习和分享，从而促进人与人之间的紧密互动与连接。通过学习不同领域的知识，

我们可以拓宽自己的视野，从而激发灵感，促使创意不断涌现，进而影响更多的用户群体。

如果不持续学习，就会错失许多机会和信息，带来一些不利的后果。

可能会使我们与时尚潮流脱节，错过新品推荐、热门话题和最新的美妆技巧，造成市场认知的局限性和盲目性。同时，也会导致用户知识储备的滞后，错失拓展自己的视野、认知和技能的机会。此外，不持续学习还会影响我们在平台上的活跃度和互动性，降低粉丝参与度，使我们逐渐失去市场吸引力。缺乏新鲜内容和知识分享会使得我们的账号显得单调乏味，降低与他人的共鸣和社群参与感。

如果无法持续学习，我们会在小红书这个平台上逐渐失去竞争优势，影响个人发展的速度和质量，错失与其他人建立紧密连接和创造共同价值的机会。

保持对新鲜事物的好奇心和求知欲是一个持续学习的过程，我们可以尝试从以下六个方面入手。

一、多元化学习渠道

要想保持好奇心和求知欲，掌握多元化学习渠道是非常关键的。除了依赖社交平台如小红书等获取信息外，我们还可以通过更多的方式来扩展我们的知识储备。

（1）阅读书籍：书籍可以为我们提供更为系统和深入的知识，同时还能培养我们的阅读能力和思辨能力。

（2）参加线下活动：通过实地参与，我们可以更直观地感受和体验所学到的知识理论，同时，与他人互动也能带来更多想法和启发。

（3）听讲座：专家们的分享会让我们接触到一些前沿的观点和研究成

果，获取一定的专业知识和见解，从而拓宽自己的认知边界。

（4）观看纪录片： 比起枯燥的文字，图像和声音更容易引起我们的兴趣和共鸣。

通过这些途径，我们可以从不同渠道获取新知识，不断拓宽自己的认知边界。

二、定期设定学习目标

定期设定学习目标对于我们的学习效果至关重要。设定具体、可实现的学习目标可以帮助我们明确自己的学习方向和计划。当我们将目标明确化、细分化时，就能更有针对性地制定学习策略和行动计划，从而更高效地学习。同时，也能激发我们的学习动力和热情，让我们更有目的性地努力学习，也让我们能更容易获得学习的成就感和满足感。

定期检查和调整学习目标是确保我们在学习过程中不偏离方向、不走弯路的重要环节。通过定期检查学习目标的完成情况，我们可以及时发现问题和不足之处，及时进行调整和改进。这有助于我们保持学习的目标性和高效性，避免陷入盲目、无效的学习状态。同时，定期调整学习目标也可以让我们与自己的学习步调保持一致，随着自身知识积累的变化和发展，不断调整目标，确保学习的持续性和进步性。

三、保持开放心态

保持开放心态是一种非常宝贵的品质，它意味着我们愿意接受不同的观点和新的信息，愿意积极地与多元化的想法和见解进行对话和交流。当我们保持开放心态时，我们不仅能够更好地适应变化，容易与他人建立联系，还能拓展自己的视野和认知范围。这种心态让我们能够不畏挑战，愿意探索未知领域，不断挑战并超越自己的认知边界。

通过保持开放心态，我们可以在接受新信息和新观点的过程中，持续丰富自己的知识储备和经验积累。这种不断学习和成长的态度，能让我们变得更加灵活，更富有创造力和创新能力。同时，接受不同观点也能够帮助我们更好地理解世界，拓展我们的思维广度和深度，让我们能够更全面、更包容地看待万事万物，从而更好地解决问题和应对挑战。

挑战自己的认知界限也是保持开放心态的一部分。如果我们愿意勇敢地面对未知，勇于尝试新事物，不仅可以让我们克服恐惧和不安，还可以让我们不断突破自己的局限，不断成长和进步。

保持开放心态，意味着我们不固执于已有观念和固有模式，而是敢于接纳新鲜的想法和观点，愿意在探索、学习和成长中不断提升自我。

四、与他人交流分享

与他人分享学习成果和见解是一种非常有益的行为。通过参与讨论和交流，我们不仅可以将自己所学的知识和见解分享给他人，还能够从他人那里获得新的视角和想法。这种互相分享的过程可以激发出新的思维火花，从而进一步增强我们的学习动力。

在与他人交流分享的过程中，为了将自己所学到的知识和经验以清晰的方式表达出来，我们往往会提前在脑海中梳理和总结自己的理解，从而加深自己对于知识的掌握。与他人交流还可以促使我们更深入地思考问题，因为人们为了表达清楚自己的看法，往往需要更加准确地理解和阐述问题，这就能够帮助我们更深入地思考并加深对问题的理解。

此外，与他人分享学习成果和见解还能够形成良好的学习氛围和合作精神。通过参与讨论和交流，我们不仅可以彼此学习，还可以建立起互相帮助、支持和启发的关系。这种合作精神可以激励我们更加努力地学习，从而加快自己的进步速度，并让自己的学习更加有趣和富有成就感。

五、跨学科学习

跨学科学习是一种非常有益的学习方式，尝试探索不同领域之间的联系和交集，可以拓展自己的视野。当我们将不同学科的知识和观念相结合时，常常会有令人惊喜的启发。

跨学科学习可以帮助我们更全面地看待世界和遇到的各种问题。当我们将不同学科的知识进行融合，就可以看到事物间更深层次的联系，发现一些我们之前可能忽视的关键因素。这样的综合性思维能够让我们更好地理解复杂的现实世界，并为解决问题提供更多元化的角度和方法。

此外，跨学科学习还能激发我们的创造力和创新思维。通过将不同领域的知识融合，我们可以创造出全新的理念和解决问题的方案。跨学科学习能让我们跳出常规的思维模式，探索未知领域，从而激发我们的想象力和创造力。

拓展视野也是跨学科学习的一个重要好处。通过涉足不同领域，我们可以了解更广泛的知识体系和思想观念，从而开阔自己的视野。这有助于我们更好地适应多元化的社会环境和不断变化的世界，提高我们的综合素养和适应能力。

六、持续反思和总结

定期审视自己的学习进度和成果能帮助我们发现不足之处并及时进行

改进，从而提升学习效果和效率。通过这种自我反思和总结，我们可以不断优化自己的学习方法和策略，让学习变得更加高效和有意义。

在进行反思和总结时，我们应该关注几个关键点。首先，我们需要回顾自己的学习目标和规划，检查是否在学习过程中偏离了最初设定的方向；其次，我们要审视自己的学习方法和策略，看看是否有更有效的学习方式可以尝试；再次，要注意评估自己的学习成果，看是否达到了预期的目标，并思考如何进一步提升学习效果；最后，我们还应该反思自己的学习态度和习惯，看看是否有需要改进的地方，如提高学习自律性、增强学习动力等。

持续反思和总结能够帮助我们建立良好的学习循环。通过不断审视和调整自己的学习过程，我们可以更快地发现问题、解决问题，进而不断提高学习效果、持续激发个人成长动力。这种反思与总结的学习方式有助于培养我们的学习自觉性和反思能力，让我们能够更好地应对学习中遇到的挑战和变化，从而不断提升自己的学习能力和水平。

在信息高速发展的时代，保持终身学习的重要性不言而喻。我们应该像一块吸水的海绵一样，只有不断地汲取新知识，不断地反思总结，不断地提升自己的学习能力和适应能力，才能跟上时代的步伐。终身学习不仅是一种习惯，更是一种态度，让我们能始终保持敏锐的洞察力和求知欲，不断拓展自己的认知边界，与时俱进，走在知识的最前沿。

第二节

与时间竞赛，跟上平台和行业的最新动态

在自媒体行业，变化是唯一的不变。作为一名自媒体创作者，及时获取最新的行业动态和平台信息不仅是一种优势，更是一种生存需要。

在信息爆炸的时代，信息的滞后意味着容易错失良机，甚至可能会因此被快速变化的市场淘汰。保持信息的敏感度和更新速度，不仅能让我们始终站在行业前沿，还能帮助我们捕捉到潜在的内容创作机会和营销风口。因此，紧跟平台和行业的最新动态，迅速调整自己的创作和运营策略，才能在激烈的竞争中保持领先地位，持续吸引用户和流量。

作为一名自媒体创作者，想要及时获取最新的行业资讯，跟上平台和行业的最新动态，有以下六种方式可以尝试。

一、关注官方渠道

关注小红书的官方渠道对于自媒体创作者来说至关重要。小红书的官方账号、公告和博客是获取平台最新动态最直接的途径。通过关注这些渠道，我们可以第一时间了解到平台的最新政策和功能更新，这对于账号的日常运营和内容创作非常有帮助。

小红书官方账号通常会发布平台政策变化、推荐内容、创作技巧等方面的信息。这些内容可以帮助我们了解小红书的运营规则，避免违规操作，同时也有助于我们把握作品的优化方向，提升内容传播效果。

此外，关注小红书的官方公告和博客，可以更深入地了解平台的更新和发展动向。官方公告通常会发布重要通知，包括活动、合作、政策更新等内容。官方博客则会分享有关平台运营、用户行为数据、市场趋势等方面的深度内容，让我们能够更全面地了解小红书的运营策略和发展规划。

二、加入行业群体

加入自媒体创作者的行业群体或社群，对于提升专业素养和获取最新行业信息至关重要。在这些群体中，我们可以和同行交流互动，分享经验技巧，了解行业内最新的趋势和动态。

通过加入这些群体，我们可以结识更多志同道合的自媒体创作者，大家可以相互学习、交流，共同探讨自媒体创作的技巧和策略。在这些群体中，经验丰富的前辈或同行分享的实用经验，能够帮助我们规避一些可能遇到的问题，进而提升自己的创作水平和管理能力。

更重要的是，这些行业群体或社群会定期分享行业内的最新趋势和动态，包括平台政策变化、算法更新、流行话题等。通过及时获取这些信息，我们可以调整自己的运营策略，把握机遇，避免风险，保持自己在行业内的竞争力。

三、参与行业活动

参加行业内的峰会、研讨会、分享会等活动，是获得自我提升和行业资讯的绝佳途径。常见的峰会论坛有中国新媒体峰会、中国内容营销高峰论坛、数字创意产业峰会等。这些活动不仅为我们提供了结识行业大咖的机会，还有助于我们深入了解行业的前沿信息和最新趋势。

在这些活动中，我们将有机会与各路行业专家、成功人士以及同行面对面交流。通过互动，我们可以学习他们的经验教训，获取宝贵的建议和指导。这种亲身交流不仅可以拓宽我们的行业视野，还能够激发我们的创造力和学习动力。

此外，参加这些活动也能让我们了解行业内最新的研究成果、应用技术、市场趋势等信息。通过倾听专家分享、参与讨论和互动，我们可以获得丰富的知识和见解，这些能够帮助我们更好地应对行业变化和挑战。更重要的是，这些活动通常会提供与行业人士深入交流的机会，能帮助我们建立起宝贵的人脉联系。通过和业内前辈、同行的交流，我们有可能找到潜在的合作伙伴、业务机会，甚至获得导师指导，进一步助力自己的事业发展。

四、阅读行业报告

阅读与自媒体相关的行业报告，对于跟进行业动态、把握行业发展趋势至关重要。这些报告通常涵盖广泛的主题，常见的有以下几类。

（1）**市场趋势报告**：分析自媒体行业的发展趋势、市场规模、增长预测等内容，能够帮助我们了解行业整体的发展状况。

（2）**消费者洞察报告**：调查和分析自媒体用户的行为、偏好、需求等，能为我们提供更好的创作方向和内容策略。

（3）**平台数据报告**：不同自媒体平台的数据分析报告，包括用户数量、活跃度、内容类型等，可以帮助我们更好地利用平台资源。

（4）**内容创作指南**：提供关于内容创作和营销策略的建议，包括创意灵感、内容形式、推广方式等，能够帮助我们提升内容质量和影响力。

（5）**数据分析报告**：利用科学的数据分析方法对自媒体内容效果、用户反馈等进行深度分析，可以为我们提供更具实操性的数据支持。

（6）**品牌合作报告**：分析自媒体与品牌合作的趋势、案例、最佳实践等内容，以此来帮助我们了解如何与品牌合作并取得共赢。

通过定期阅读数字营销报告，我们可以从中获取关于数字广告投放、社交媒体营销策略、搜索引擎优化等方面的最新数据和趋势分析。这有助于我们制定更有效的营销策略，优化广告投放效果，提升品牌曝光度和传播效果。同时，关注自媒体发展趋势报告，可以帮助我们了解自媒体平台的变化，掌握用户偏好和内容创作热点，发现新的内容形式和传播方式。这有助于我们提升内容质量，吸引更多用户关注，增强粉丝互动，进而提升自媒体账号的影响力和传播效果。

五、关注专业媒体

关注专业媒体对于了解自媒体、数字营销等领域的最新资讯和动态至关重要。下面列举七个行业内最具有权威性和前瞻性的专业媒体和平台，以帮助我们更好地把握行业脉搏。

（1）**新榜**：提供关于自媒体、社交媒体等领域的数据分析、排行榜、行业洞察等资讯。

（2）**艾瑞网**：专注于互联网产业的研究和报道，提供最新的行业动态和数据分析。

（3）**微信公众号大全**：汇总了各种类型的优质微信公众号，可以从中获取创意灵感和内容策略。

（4）**36氪**：聚焦创新、创业领域的媒体，提供有关创业公司的报道以及行业趋势分析。

（5）**界面新闻**：关注科技、商业及文化领域的新闻报道，经常发布关于自媒体和数字创作的深度文章。

（6）**虎嗅网**：关注商业和创业领域的动态，可以提供商业思维和创业启发。

（7）**知乎专栏**：知乎上有很多优质的自媒体从业者分享的创作心得和经验教训，可供我们学习与借鉴。

通过追踪专业媒体发布的内容，我们可以获取到关于自媒体平台的最新政策、数字营销策略的创新思路、行业领袖的观点分享等信息。这些资讯有助于我们及时调整自身策略，把握市场趋势，提升竞争力。专业媒体经常针对行业内的热点话题进行深度报道和专题解读，能为我们提供灵感。了解其他成功案例的经验教训，能够更好地促进我们自身不断成长和进步。

六、持续学习和跟进

持续学习和跟进是在自媒体领域保持竞争力和不断成长的关键。持续关注相关书籍、课程和研究，可以帮助我们拓宽知识视野，掌握最新的趋势和技能。

阅读相关书籍是一个深入学习的有效途径。书籍通常能提供系统性和全面性的知识。从自媒体策略到内容创作技巧，不同类型的书籍可以为我们提供各种宝贵的经验和做事的智慧，帮助我们更好地进行创作。

参加相关课程也是不可或缺的学习方式。线上或线下的自媒体相关课程通常由行业专家或从业者授课，内容涵盖广泛且实用。通过课程学习，我们可以系统性地掌握知识，学习到实践经验和技能，从而更好地应对行业挑战。

此外，关注最新的研究成果也是持续学习的重要组成部分。研究成果能够提供行业趋势、用户行为等方面的数据，帮助我们做出更科学、更有效的决策。不断跟进研究成果，可以让我们站在行业前沿，把握行业的发展方向。

通过这些方式，我们可以及时了解新媒体行业的最新资讯、技巧和趋势。这些平台提供了丰富的学习资料和灵感素材，帮助自媒体从业者提升创作能力，紧跟行业动态。了解行业变化不仅能增强我们的市场敏感度，还能让我们在内容创作时更有创意，从而吸引更多的粉丝，提升账号的曝光度和影响力。掌握这些信息，可以帮助我们在竞争激烈的市场中占得先机，更好地应对行业的变化与挑战。

第三节

稳健发展：建立长期稳定的创作和运营机制

持续稳定的创作和运营，对小红书博主的发展来说至关重要。持续发布创作内容，可以树立博主在平台上的专业形象，提高账号的价值和认可度，从而吸引更多粉丝和潜在合作伙伴的关注。账户的活跃不仅能够增加粉丝对博主的关注度，也有助于建立稳定的互动模式，提高用户参与感和忠诚度，提升粉丝的黏性和活跃度。

如果无法保持稳定的创作和运营，将会给我们在小红书平台上的发展带来多方面的不良影响。

首先，不定期发布内容或频繁停更将导致粉丝的流失，并削弱个人在平台上的影响力和知名度。这可能会减少博主与潜在合作伙伴建立合作关系的机会，因为缺乏稳定的创作和运营会让他们对你的专业性产生怀疑。

其次，不稳定的创作及运营还会导致错失许多商业机会和盈利渠道，给个人的收入和经济效益带来负面影响。

再次，不规律的内容更新会减少用户的互动和留存率，个人在平台上的活跃度和用户黏性也会受到影响。平台算法通常会倾向于推荐那些活跃度高、内容更新频繁的账号，长期不稳定的创作和运营会导致个人账号的流量和曝光量下降，进而影响到个人在平台上的曝光度和影响范围。

最后，缺乏长期稳定的创作机制可能会导致个人创作热情和动力逐渐消退，失去对创作的激情。

综上所述，建立稳定的创作和运营机制，对于想要在小红书平台上长期发展的博主来说至关重要。

想要持续稳定地进行小红书账号的创作和运营，可以考虑以下三种具体方法。

一、制订内容更新计划，保证定期更新

制订详细的内容更新计划，包括发布时间表、内容主题、创作形式等，确保能够持续稳定地更新内容，同时保持内容的多样性和吸引力。有计划的产出只是第一步，更重要的是严格按照计划表，保持固定的发布频率，例如每周固定几天发布内容，以保持粉丝的活跃度和关注度。

让我们以一位美妆博主为例，看看她一周的内容更新计划表。

小红书美妆博主内容更新计划表

发布时间	内容主题	内容形式	预计发布时间	备注
周一	护肤品测评	图文或视频	中午12点	测试并分享护肤品的使用感受
周二	彩妆测评	视频	中午12点	评测最新的彩妆产品
周三	彩妆教程	视频	中午12点	分享彩妆技巧和化妆教程

续表

发布时间	内容主题	内容形式	预计发布时间	备注
周四	美妆新品上市	图文	中午12点	推荐最新上市的美妆产品
周五	美妆问答	直播	晚上8点	解答粉丝关于美妆的疑问
周六	彩妆分享会	直播	晚上8点	分享最爱的彩妆单品和化妆技巧
周日	美妆话题讨论	直播	晚上8点	与粉丝一起讨论热门美妆话题

二、加强与粉丝的互动

与粉丝的互动是维系与粉丝的关系、增强博主亲近感的重要方式。我们可以通过积极回复评论、私信，以及参与话题讨论，让粉丝感受到被重视和关心。这种互动不仅可以增加粉丝的参与感，还有助于与粉丝建立更紧密的联系，让粉丝更愿意支持和关注我们发布的内容。当粉丝感受到被倾听和回应，他们会更愿意与我们积极互动、分享我们的作品，甚至成为我们忠实的支持者。

除了留言和私信，参与话题讨论也是促进互动的有效途径。我们可以通过分享自己的看法，与粉丝共同探讨感兴趣的话题，拉近彼此的距离，建立更深层次的连接。在此过程中，我们要保持真诚和耐心，让每一位粉丝都感受到我们的诚意和关怀。

三、持续提供有价值的内容

发布有价值的内容是吸引新粉丝并让老粉丝保持关注的关键所在。这就需要我们关注粉丝的需求和兴趣，制作高质量、引人入胜的内容，这样才能够引起他们的好奇，给他们带来惊喜。我们要确保发布的内容既有趣又有用，能够为粉丝提供有价值的信息和独特的体验。不断挖掘新颖有趣的主题，分享有深度的见解，让粉丝在每一次互动中都能感受到收获和启发。记得与粉丝保持互动，了解他们的反馈和喜好，不断优化内容策略，满足他们的期待，让他们对下一部作品感到期待，并在每一次浏览后感到满足。

总而言之，长期保持稳定的创作和运营能够为博主带来稳定的收益，尤其在网红经济蓬勃发展的时代，个人在平台上的知名度和影响力直接决定了合作机会和收益水平。通过持续输出高质量内容和保持活跃度，我们可以逐渐积累粉丝的信任和好感，树立起良好的口碑。这将有助于我们提升个人品牌形象，降低我们与合作伙伴之间的信任成本，为未来合作提供更多机会。

随着平台算法的不断优化和更迭，长期稳定的创作和运营也使博主更具适应性。这有助于我们把握平台的变化，提高内容被推荐和曝光的机会，从而实现个人在平台上的长期发展目标。

第四节

终身成长：不断优化和改进，实现终身成长的目标

作为一名小红书博主，持续自我优化和改进是至关重要的，可以帮助我们不断适应变化的市场环境和观众需求。持续改进内容质量、互动方式和营销策略，能够保证我们账号的活跃度，吸引更多粉丝，并培养他们的忠诚度。实现持续成长的目标不仅可以帮助我们扩大影响力和知名度，还能为我们带来更多的商业机会和合作伙伴。在竞争激烈的数字平台上，持续成长意味着不断提升自己的竞争力，以保持自己在粉丝心目中的地位。同时，通过持续自我优化和改进，我们还能够不断提升自身的创作能力，成为受人尊敬和信赖的行业领先者。

想要持续优化和改进我们的日常运营及创作，可以通过以下五个步骤，完成从思维方式到具体行动的校准。

第一步：设定明确的目标

首先，我们需要明确我们的长期目标和短期目标。这些目标应该是具体的、可衡量的，以便量化我们的努力和成果。

当我们着手规划自己的持续优化和改进之路时，首要任务便是明确我们的长期目标和短期目标。长期目标可以是我们希望在未来一年内成为在特定领域内备受认可的专业博主，或者实现每月一定数量的关注者增长。短期目标则可以是每周发布高质量的内容、与关注者保持互动等。这些目标应该是具体的，比如关注者数量、互动率、内容质量评分等，便于我们量化努力和成果，更准确地衡量我们的进展并调整后续的策略。

小红书美妆博主运营目标计划表

目标	目标详细描述	量化指标	预计完成时间
成为小红书美妆领域Top影响力博主	在小红书平台上被认可为美妆领域的权威与领导者	在美妆领域排名前××位	未来一年
增加美妆教程视频观看量	制作并分享更多实用的美妆教程视频，增加观看量	每月美妆教程视频平均观看量提升××%	每月
发布时尚美妆搭配	持续发布有创意、质量高的时尚美妆搭配分享	每周发布一篇时尚美妆搭配文章	每周
与粉丝保持互动	积极回复留言，参与粉丝互动，提高粉丝互动率	每日回复粉丝留言，互动率达到××%	每日更新
提高美妆产品推荐信任度	提供真实、有用的美妆产品推荐，以获得更多关注者的信任	美妆产品推荐信任度评分提高至××星	持续提升

通过设定这些具体、可衡量的目标，我们不仅能够给自己一个明确的前进方向，还能更有效地评估自身的表现和进步。这样，我们就能更有针对性地进行改进，不断优化我们的账户运营策略，向着设定的目标努力前行。这种精细化、可量化的目标设定方法，能够让我们更有动力、更有方向地追逐我们的博主成长目标。这种明确量化的目标设定，不仅有助于我们保持动力、持续改进，也能让整个成长过程更具有成就感和意义。

第二步：分析现状与需求

为了实现持续成长，我们需要对账号目前的表现和市场需求进行全面的分析。这意味着要深入了解我们的目标受众——他们喜欢什么样的内容？他们有哪些需求和期望？通过调查、数据分析和互动交流，我们可以更好地把握受众的喜好和需求，从而为他们提供更有吸引力和高价值的内容。

同时，我们也需要审视自身的优势和劣势。我们的内容在哪些方面有特色和优势？我们的互动和沟通方式是否有效？有哪些方面需要改进和提升？通过坦诚地评估现状，我们能够更清楚地了解自己的核心竞争力和发展空间，从而有针对性地制订改进计划。

在了解目标受众和自身情况的基础上，我们可以更加精准地把握市场需求，为我们的账号发展指明方向。无论是调整内容策略、改进互动体验还是优化营销推广，都需要根据实际情况做出相应的改变。只有深入分析现状与需求，我们才能更好地满足用户期望，提高账号的吸引力和竞争力，实现持续的粉丝增长和良好发展。

第三步：制订改进计划

基于对现状的分析，我们可以制订具体的改进计划，包括提升内容质量、优化营销策略、加强粉丝互动等方面。同时，要确保计划可行、具体、可操作，并设定明确的时间表和可量化的目标。

基于我们对现状的分析，制订改进计划是非常关键的步骤。

首先，我们可以着手提高内容质量，包括深入了解受众需求，创作更具有吸引力和实用性的内容。这可能需要加强内容策划的质量，提升创作水平，确保每一篇文章都具有独特性和高价值，以此来吸引更多读者的关注。

其次，就是优化营销策略。我们可以考虑采用更多元化的营销手段，如社交媒体推广、合作推广、搜索引擎优化等，以增加账号内容的曝光度和影响力。通过精准的定位和推广，能够吸引更多潜在读者，增加账号的流量和用户互动率。

再次，加强互动也是提升粉丝黏性的重要手段。我们可以设置互动环节，如评论区、问答板块或线上活动，与粉丝建立更紧密的互动关系，以此来提升粉丝参与度和忠诚度。通过及时回复评论、参与讨论和提供解决方案，我们可以有效增强粉丝体验，促进粉丝留存和口碑传播。

最后，制订改进计划时，需要确保计划可行、具体、可操作，并设立明确的时间表和可量化目标。定期跟踪和评估改进效果，及时调整和优化计划。只有持续不断地改进和创新，我们才能实现账号的持续成长和发展，赢得更广泛的用户认可和支持。

第四步：执行并监控

严格地执行改进计划是我们持续成长的关键。我们需要付诸行动，落实计划，并持续监控执行效果，及时调整方向，确保朝着正确的目标前进。

一旦制订了具体的改进计划，我们就要立即付诸行动。通过不懈努力，逐步落实计划中的各项具体措施。

在执行过程中，及时监控执行效果是至关重要的。我们可以设定关键指标和监控措施，定期对比计划和实际表现，发现问题及时调整方向。通过数据分析和反馈机制，了解每一项改进措施的效果，并找出有效的改进方法和改进空间。

当发现执行效果不如预期时，我们要敢于调整方向，及时纠正错误，避免走偏。要灵活应对各种挑战和变化，时刻保持头脑清醒，始终朝着正确的目标前进。持续监控执行效果，不断调整和优化方向，勇于迎接挑战，这样我们才能确保改进计划的顺利执行，并实现我们想要持续成长和发展的目标。

第五步：反馈和调整

在执行改进计划的过程中，收集用户反馈和数据表现至关重要。我们可以根据反馈信息调整策略，持续改进和优化，不断迭代提升，保持灵活性和适应性。

在执行改进计划时，通过持续收集用户反馈和数据表现，我们可以及时发现执行过程中的潜在问题或不足之处。

作为一名小红书自媒体博主，我们在日常进行数据分析时需要关注以下关键数据指标，以便更好地了解用户行为，优化内容策略。

（1）阅读量（PV）和访客数（UV）：了解每篇内容的阅读量以及独立访客数，可以帮助我们评估内容的受欢迎程度和对用户的吸引力。

（2）**互动数据**：包括点赞数和评论数、转发数，以及关注量和取消关注量。

点赞数和评论数：衡量用户对内容的喜爱程度和参与度。

转发数：表示内容被用户认可和传播的程度。

关注量和取消关注量：追踪关注用户的变化趋势，了解用户群体的增长或流失情况。

（3）**用户行为数据**：包括浏览时长、点击率以及用户来源分析。

浏览时长：分析用户在内容上停留的时间，判断内容吸引力和品质。

点击率：反映用户对内容链接的点击兴趣，帮助评估内容转化效果。

用户来源分析：了解用户是通过哪些渠道触达内容的，以便优化推广策略和渠道。

（4）**用户地域和性别分布**：分析用户的地域和性别分布情况，有助于精准定位目标受众，有针对性地制定内容策略。

（5）**内容热度排名**：追踪内容的热度排名和趋势变化，能帮助我们了解哪些内容更受欢迎。

用户行为数据记录表

日期	2024.5.26	2024.5.27	—
文章标题	夏季清爽穿搭	五款最受欢迎口红试色分享	—
阅读量（PV）	1000	1200	—
访客数（UV）	500	600	—
点赞数	50	70	—

续表

评论数	20	25	—
转发数	10	15	—
关注量	5	8	—
取消关注量	2	3	—
浏览时长	2分钟	1分钟	—
点击率	5%	6%	—
用户来源	推荐页	搜索页	—
用户地域分布	北京、上海、广州	成都、杭州、深圳	—
用户性别分布	女性占比80%	女性占比85%	—
热度排名	Top10	Top5	—

根据用户反馈和数据表现，我们可以灵活调整策略，有针对性地进行改进和优化内容。这种持续改进的过程能够使我们不断迭代升级，从而提高执行效果和用户满意度。通过不断调整和优化，我们可以保持足够的灵活性和适应性，以应对环境变化和市场需求的挑战。

重视用户反馈和数据表现，积极采纳有效建议和意见，是我们持续改进和提升的关键。这种持续优化的循环过程将帮助我们不断提升业务绩效和用户体验，确保改进计划能够持续有效地实施并取得成功。

通过这五大步骤，我们可以将思维校准到行动方向上，有条不紊地朝着持续成长的目标前进。定期的复盘与总结对于每一位自媒体从业者来说都是至关重要的事情，我们需要更好地反思运营过程中的优点与缺点，并且不断优化这一过程，将优点持续放大、将缺点逐步改进。相信经过长久的坚持，我们一定可以持续成长，最终在这个竞争激烈的平台脱颖而出！